Pe. ISAC LORENA, C.Ss.R.

UMA PALAVRA AOS QUE SOFREM

EDITORA
SANTUÁRIO

Dados Internacionais de Catalogação na Publicação (CIP) de acordo com ISBD

L869p Lorena, Isac

Uma palavra aos que sofrem / Isac Lorena. - Aparecida : Editora Santuário, 2022.
128 p. ; 14cm x 21cm.

ISBN: 978-65-5527-251-2

1. Religião. 2. Cristianismo. Título.

CDD 240
2022-2753 CDU 24

Elaborado por Vagner Rodolfo da Silva - CRB-8/9410

Índice para catálogo sistemático:
1. Religião : Cristianismo 240
2. Religião : Cristianismo 24

1ª impressão

Rua Pe. Claro Monteiro, 342 – 12570-000 – Aparecida-SP
Tel.: 12 3104-2000 – Televendas: 0800 - 0 16 00 04
www.editorasantuario.com.br
vendas@editorasantuario.com.br

ORAÇÃO DA SERENIDADE

Concede-me, Senhor, a serenidade necessária para aceitar as coisas que não posso modificar, coragem para modificar as que eu posso e sabedoria para distinguir umas das outras – vivendo um dia de cada vez, desfrutando um momento de cada vez, aceitando as dificuldades como um caminho para alcançar a paz, considerando o mundo pecador como ele é, e não como eu gostaria que ele fosse, confiando em Deus para endireitar todas as coisas, para que eu possa ser moderadamente feliz nesta vida e sumamente feliz contigo na eternidade. Amém.

INTRODUÇÃO

No oitavo dia

Terminada a obra da Criação, Deus lançou um olhar sobre tudo o que sua Palavra tinha feito surgir do nada. Constatou então que tudo estava bem, perfeitamente de acordo com seus planos divinos. E, no sétimo dia, descansou. É o que nos diz a narração bíblica (Gn 1 e 2).

Mas... e depois desse sétimo dia? Veio a revolta do Homem, que desejava ser Deus também. Esse orgulho desfez o paraíso, que passou a ser um vale de lágrimas. E o Homem ouviu a sentença divina que o condenava a viver sofrendo: A terra será maldita por tua causa... comerás o pão com o suor de tua fronte, até que voltes à terra, da qual foste tirado (Gn 3).

Foi assim que começou o "oitavo dia". E até quando ele irá durar? Ninguém o sabe; mas todos aqueles que passaram por este mundo já viveram esse dia, com toda a sua amargura, como nós também o estamos vivendo. Nós o iniciamos chorando; e uma última lágrima irá marcar nosso último adeus a esta vida terrena.

Tinha, portanto, boa dose de razão aquele que escreveu: Mente quem diz neste mundo muitos males ter sofrido; só de um mal a gente sofre: é do mal de haver nascido. – Sim, todos nós, porque nascemos, estamos sujeitos a essa lei do sofrimento; e, de uma forma ou de outra, todos temos de pagar esse tributo à vida.

Mas... teria sido realmente um mal o fato de havermos nascido? Não. Somente sofre quem não sabe sofrer. E saber sofrer é saber dar ao sofrimento o significado que ele deve ter. Como? É o que estas páginas querem ensinar. Que elas possam oferecer uma palavra de esperança e conforto a todos aqueles que estão vivendo esse "oitavo dia", resumo de toda a existência neste vale de lágrimas.

A RIQUEZA DE MEU TEMPO

A minha frente uma página já bastante antiga, dizendo assim: "Meus dias... são como as contas de um rosário: pequenos e significam tanto!" Ninguém calcula o valor que eles encerram. No entanto já deixei pelos caminhos de minha vida muitos dias mutilados, ou simplesmente vazios. Folhas de papel em branco. Nada escrevi de bom; e oxalá nada tivesse escrito de mau!

"Ensina-me, Senhor, a ter sempre um santo respeito ao tempo, a esse tempo que me deste em teu amor infinito! O tempo é minha eternidade. Ensina-me a aproveitar esse dom de tua bondade! És um pai de família, que deseja os dias de teus filhos cheios de trabalho e de boas obras. Tu, Senhor, estás em cada minuto de minha vida, e se eu não ganhar esses minutos, eu perco minha eternidade. Não sou dono de meus dias; não os posso empregar como quero, nem, muito menos, deixar que eles fiquem vazios.

Senhor, não deixes que a melancolia absurda me impeça de alegrar-me, vendo que o azeite se consome na lâmpada de minha vida. Ensina-me a consumir essas reservas que me deste, sem murmurar, sem lamentar, porque, bem aproveitadas, elas são de tanto valor a teus olhos divinos. O tempo não existe; quem existe... Tu somente, meu Deus!

Quero aproveitar meu tempo para ganhar, o mais depressa possível, tua presença, tua realidade".

Sim, com este tempo que agora estou vivendo irei ganhar um dia minha vida eterna, definitiva e perfeita. E, se eu digo ganhar, é porque essa vida não me será dada simplesmente de graça. Se o fosse, ela não me seria uma felicidade completa, pois eu a quero merecer. Devo, por isso, conquistá-la com meu trabalho, meu esforço e meus sofrimentos. De tudo isso, irei receber, depois, os juros.

Compreendemos facilmente que tudo tenha seu tempo neste mundo: o trabalho, o descanso, o estudo, as férias. E o sofrimento? Ele também faz parte de nossa vida; por isso ele também tem seu tempo. E é duro, sim, para nossa natureza, ouvir isso: tempo de sofrer. Mas precisamos convencer-nos de que nossa vida neste mundo tem disso também.

Estava à morte uma senhora ainda jovem, rica e mãe de três filhos pequenos. Vítima de um mal incurável, pediu aos seus que não lhe dessem nenhum medicamento sedativo para as dores que sofria, explicando: Quero aproveitar meus últimos dias para sofrer.

Que maneira estranha essa de aproveitar os últimos dias! Ela, porém, sabia como fazê-lo. E, em meio aos sofrimentos, morreu tranquila, plenamente conformada.

Se há, neste mundo, aqueles que pensam aproveitar o tempo, gozando a vida, há também os que sabem ganhar seu tempo, sofrendo. Será isso possível? Sim. Por incrível que pareça.

COMO SOFRER?

Apoiado na razão humana e, mais ainda, em sua fé, o homem sabe por que sofre e como deve passar pelo sofrimento. Sofrer porque não há remédio, entregando-se à revolta e ao desespero, isso não é digno do homem. Assim os animais também sofrem.

Para nós, neste mundo, tudo pode ser um espelho de Deus, ou um véu para ocultá-lo. Tudo pode ser um degrau para subir e me elevar, ou um despenhadeiro para cair em algum abismo. Isso irá depender da maneira como eu encarar os momentos e as circunstâncias de minha vida.

Sofrer – disse alguém – é quase a única coisa de bom que podemos fazer neste mundo. Por quê? É que nosso trabalho, por meritório que seja, sempre poderá ser manchado pela ambição. Nossas preocupações, por mais justas que pareçam, podem ser fruto, às vezes, da vaidade e do orgulho. Nossas alegrias facilmente poderiam levar-nos ao egoísmo de esquecer os que sofrem e choram, talvez ao nosso lado. Mas nossos sofrimentos, se aceitos com amor, poderão ser, aos olhos de Deus, um mérito puro e perfeito com vistas a nossa eternidade. É que ninguém sofre por interesse, orgulho ou egoísmo.

Quando sofre, o homem está mais perto de Deus do que geralmente pensa, pois, muitas vezes, o dedo de Deus que nos toca, despertando-nos para a fé, para a confiança e desprendimento, é um toque misterioso que nos faz sofrer. E nisso nada para estranhar. Serão sempre doces e agradáveis os remédios que devemos tomar? Não. Assim, o sofrimento sempre poderá ser um remédio para nós. Basta que o saibamos receber com devida compreensão. Quando enfermos, não compreendemos a necessidade de um remédio, ainda que amargo e desagradável? Compreendamos também o sofrimento, e ele mudará de fisionomia para nós.

A fé nos diz que Deus é perfeitíssimo em tudo; portanto em sua sabedoria também. Ora, uma sabedoria infinitamente perfeita poderia fazer algo de errado? De modo algum! O erro, o mal, estão neste mundo apenas porque Deus assim o permite. E por quê? Infinitamente sábio, ele sabe quando deve permitir o mal, para dele tirar um bem. O sofrimento não é certamente um bem para nós, e Deus sabe disso. Mas ele permite que soframos, porque prevê o bem que podemos tirar do sofrimento.

Quantas vezes um aborrecimento, uma doença, as privações e lutas pela vida levam o indivíduo a refletir um pouco, para dar mais atenção à família, para ser menos ambicioso, para pensar mais em Deus, ou naqueles que estão sofrendo mais! Penetremos melhor esta verdade: Ninguém tão Pai como Deus, para querer nosso bem, mesmo que, para isso, ele escolha certos caminhos que não podemos compreender. Como o Pai, ele sabe, melhor do que nós, aquilo que nos convém.

ELE TAMBÉM SOFREU

Referindo-se ao Salvador que devia vir a este mundo, o Profeta o anunciou como o Homem do sofrimento. E ele o foi, realmente.

Desde que aqui chegou, a pobreza e as privações já o aguardavam. Basta lembrar que, ao nascer, sua mãe não teve sequer um berço onde pudesse colocá-lo; e o reclinou no estábulo de uma estrebaria.

Sua infância ele passou no exílio, e, ao voltar para a Galileia, teve de ganhar seu pão, durante anos, numa pobre oficina de carpinteiro.

Veio depois sua vida pública, em meio aos pobres, ignorantes e doentes. Combatido em sua doutrina, e contestado em seus milagres, acabou como um criminoso, pendurado numa cruz.

Homem de sofrimento. Ele não conheceu apenas a pobreza e a fome, a sede e o cansaço, mas, o que era pior, o desprezo, as calúnias e humilhações. É quando perguntamos: Por que tudo isso?

Ele deu sua vida por nós – essa é a explicação do Evangelista (1Jo 3,16), lembrando-nos a missão redentora do Cristo neste mundo. Sua doutrina, seus milagres, seus sofrimentos e sua morte, tudo para que a humanidade pudesse alcançar, diante de Deus, o perdão das próprias culpas.

Redentor do mundo, ele tinha, diante da Justiça divina, um mérito infinito. Mas, já que ele sofreu por nós, esse mérito passou a ser nosso, pois, assumindo e vivendo nossa vida, ele nos comunicou o mérito que teve nos sofrimentos de sua vida e de sua morte. Se ele, portanto, não nos livrou do sofrimento, foi para que nós, sofrendo, pudéssemos apresentar à Justiça eterna uma reparação com mérito suficiente para o perdão de nossas culpas. Ele se ofereceu, sim, por nós; mas nem por isso ficamos dispensados de cooperar em seu sacrifício redentor. Por nós, e pelos demais, já que somos uma só família, temos de oferecer a Deus a parte de reparação que nos toca.

Quando sofremos, portanto, não ignoramos o valor e a significação de nosso sofrimento, bem como a disposição com que devemos aceitar. Sendo, como é, uma reparação, será necessário que aceitemos o sofrimento com profunda humildade, reconhecendo-nos devedores diante de Deus. Além disso, é preciso que, em nossas horas difíceis, esteja presente um grande amor ao Pai que nos perdoa, bem como a nossos irmãos que também esperam por nossa reparação. Se eles são perdoados pelo mérito de nossos sofrimentos, nós também somos poupados pela Justiça divina quando outros sofrem por nós. Esse é o pensamento do Evangelista, ao explicar o motivo da morte de Cristo: Se ele se fez vítima em nosso lugar, nós também devemos sofrer por nossos irmãos.

BENDIGAMOS AO SENHOR!

Aquela senhora, com mais de oitenta anos, tinha vivido uma vida dura, de privações e sacrifícios sem conta. Viu chegar seus últimos dias em meio aos sofrimentos de uma doença prolongada, que não lhe dava sequer um momento de descanso. Mesmo assim, horas antes de morrer, pediu aos filhos e netos que a rodeavam: Que ninguém chore quando eu expirar; mas que todos rezem: Bendito seja Deus! Por tudo o que recebi neste mundo.

Nesse tudo que ela recebera de Deus estavam oitenta anos de pobreza, de trabalhos e sofrimentos que ela, sempre agradecida, soube aceitar. E, agradecendo, sempre conseguiu vencer.

É verdade que justamente por ser o que é, o sofrimento nos faz sofrer. Mas também é verdade que, muitas vezes, nós mesmos aumentamos nossos sofrimentos, por não sabermos sofrer. Quantas vezes, em uma dificuldade ou em um aborrecimento qualquer, não mergulhamos logo no desânimo e o pessimismo, queixando-nos de tudo e de todos, desabafando nosso azedume em palavras de revolta, em gestos de impaciência! Isso resolve alguma coisa?

Nossos sofrimentos são surdos; por isso não ouvem nossas queixas, por mais que reclamemos. Quem não é surdo é o

Pai que está nos céus, ou melhor, que está junto de nós, e que nós esquecemos. Ele, sim, nos vê, nos ouve e nos acompanha em todos os momentos fáceis ou difíceis de nossa vida. Nesse caso, por que não desabafar com ele?

As queixas e reclamações só nos levam ao pessimismo e nos fecham no mau humor. E, o que é pior, fazemos sofrer a outros que nada têm a ver com nossos nervos. O agradecimento, pelo contrário, abre nosso coração, alarga nosso horizonte, para podermos ver mais longe e mais alto. Com isso vamos esquecendo o sofrimento, colocando-nos acima e além da situação que nos aflige. Por que ficar em baixo da tempestade, se podemos subir e passar por cima?

Portanto: Não reclame quando estiver esperando uma condução que não chega nunca. Mas agradeça a Deus, porque você não está esperando a liberdade numa prisão, nem esperando por socorro num incêndio.

Não reclame quando não acha o táxi que procura. Mas agradeça a Deus as pernas que você tem para andar, os olhos para ver e as mãos para dar sinal.

Não reclame quando alguma doença o prender em casa, ou em algum hospital. Mas agradeça a Deus porque você tem casa e pode ter hospital, com os recursos necessários para seu restabelecimento.

Sim, bendito seja Deus por tudo o que dele recebemos! O que ele não nos deu até agora, não nos poderá dar depois? Melhor do que nós ele sabe do que precisamos, e o que nos convém.

O DESCANSO DESEJADO

Foi um poeta espanhol quem assim escreveu: Partimos, quando nascemos – caminhamos enquanto vivemos – e chegamos no momento em que morremos – é assim que descansamos.

Realmente, no dia em que nascemos, iniciamos uma longa e penosa caminhada por este mundo afora. Mas essa caminhada irá terminar; é o fim da viagem, porque nossa vida terá um fim. É quando descansamos, diz o poeta; e com razão.

Que nossa existência neste mundo seja uma luta contínua, ninguém duvida. Mas o fim da vida seja um descanso... essa é uma forma de descansar que muitos não desejam; e nem querem pensar nesse descanso. Acham mais interessante continuar lutando, isto é, vivendo, pois, apesar dos pesares, esta vida não deixa de ter seus atrativos.

No entanto qual a finalidade última de todos os nossos trabalhos, sacrifícios e nossas lutas neste mundo? O que é que buscamos em meio a toda essa agitação que faz nossa vida de cada dia? Pensemos bem, e veremos que, em tudo e sempre, o que nos interessa mesmo, o que sempre desejamos, outra coisa não é senão o descanso. Se todos os dias aceitamos empreender a mesma luta, com os mesmos sacrifícios, não é por outro motivo: queremos descansar numa vida que, com maiores recursos, dê-nos mais tranquilidade e segurança. Se lutamos contra uma doença, ou uma dificuldade qualquer, outra coisa não estamos procurando senão o descanso de uma boa saúde, ou de uma situação calma, sem aborrecimentos e preocupações.

Disse alguém que, neste mundo, até os rios são caminhos, que caminham para o descanso no mar. Como explicar, então, esse medo que temos até de pensar no fim da vida? É natural que não nos pareça muito interessante trocar esta vida que já conhecemos, e à qual já nos apegamos, por outra existência, num outro mundo que não conhecemos. Além disso, a falta de compreensão, através dos séculos, dedicou-se a pintar o fim de nossa caminhada com cores que não se justificam: luto, tristeza, pavor e desespero. Acrescente-se ainda a tudo isso a falta de fé numa vida futura. Compreendemos que, quando um indivíduo crê apenas neste mundo e vive somente para ele, há de ficar realmente apavorado ante o pensamento de ter de abandonar tudo o que por aqui ajuntou, a troco de nada. Nesse caso o fim da vida seria o fim de tudo.

Em suas orações pelos agonizantes e falecidos, a Igreja reza assim: "Dai-lhes, Senhor, o descanso eterno!" Sim, nada mais do que isso: o descanso. Não foi essa nossa única aspiração, em meio às lutas e aos sacrifícios desta vida? A fé nos fala dessa existência futura. E compreendemos que ela só poderá ser para nós o descanso eterno, prêmio de uma vida que nunca nos permitiu descansar plenamente. Que a fé não nos deixe ver pela frente apenas o fim de tudo, mas o início daquela paz, daquele descanso eterno, junto do Pai. Alcançaremos então o que sempre estivemos procurando.

NÓS ESPERÁVAMOS

Dia da Ressurreição de Cristo. Dois de seus discípulos, à tarde, caminhavam de Jerusalém para Emaús. Tristes, abatidos, iam comentando o que acontecera dias antes. Foi quando um desconhecido os alcançou e perguntou interessado: "Que foi que houve?" – Eles explicaram: "Estávamos falando de Jesus, o Profeta de Nazaré. Esperávamos tanto dele! Mas agora..." – Referiam-se à morte de Cristo. Desiludidos, não compreendiam que o Profeta acabasse vencido e morto por seus inimigos (Lc 24,13-22).

Esperávamos tanto! Sim, esperavam que Cristo restabelecesse o reino de Israel, com todo o seu poderio e toda a sua grandeza. Esperavam que ele humilhasse seus perseguidores e não se deixasse vencer, deixando-se crucificar como um simples criminoso. Esperávamos... e nada disso aconteceu, porque os planos de Deus eram outros.

Muitas vezes é assim que nós também esperamos. Com fé e confiança vamos rezando e pedindo a Deus que nos livre desta enfermidade, que resolva aquele problema ou que nos tire de alguma situação angustiosa. Recorremos às mais variadas práticas de devoção, certos de que seremos atendidos na ocasião em que desejamos e da forma como estabelecemos. No entanto os dias vão passando, passam os meses, e apesar de toda a nossa insistência, nada acontece daquilo que pedimos e esperamos. Por quê?

Esperávamos tanto!... mas de acordo com nossos planos. E Deus? Será que ele não tem seus planos a respeito daquilo que nos preocupa? Sim, e ainda bem, pois como poderíamos saber o que é melhor para nós? Deus é quem o sabe. Se, às vezes, não acontece o que pedimos e esperamos ou é porque nos faltam a fé e confiança que Deus espera de nós – ele também espera! – ou porque não está nos planos do Pai aquilo que pedimos, simplesmente porque ele sabe o que mais nos convém. Para nós, o que desejamos é sempre importante e até urgente. Mas Deus estará julgando como nós? Pode ser que não. Essa é, pois a hora de confiarmos na bondade e sabedoria de Deus, certos de que ele só quer o que realmente nos convém.

Sendo assim, teríamos então de deixar tudo por conta da sabedoria do Pai? Sim; mas essa confiança não dispensa nem pode dispensar nossa humildade, que deverá continuar pedindo e esperando sempre. Deus quer nossa confiança, e é por isso que, às vezes, ele nos faz esperar. Essa a diferença entre aqueles que realmente creem em Deus e aqueles que não têm fé. Os primeiros esperam, e os outros desesperam. Antes perder a vida que perder a esperança, dizia alguém, e com muita razão.

Nós esperamos tudo de Deus. E Deus espera muito de nós que, muitas vezes, deixamos que Ele fique esperando. Portanto: não reclamemos quando ele nos faz esperar; nós mesmos damos motivo para isso.

HOJE

Quanta coisa por fazer! Quanto trabalho a minha espera! E quanto para eu pensar, decidir e organizar!

Hoje. Mais um dia naquele escritório que acaba com meus nervos. Mais um dia nesta casa que não me dá um momento de descanso. Mais um dia naquela repartição, ouvindo leviandades; ou naquele balcão, ouvindo e fazendo sempre o mesmo; ou naquela oficina, com um colega que me esgota a paciência.

Hoje. Mais um dia de hospital; um dia que começa, e se arrasta, até entrar numa noite que não termina nunca. Exames, remédios, cuidados que nada resolvem. Mais um dia para minha doença progredir um pouco mais, deixando cada vez mais longe a saúde que eu desejo recobrar. Mais um dia e mais uma noite a sós comigo, com minhas dores, com minha solidão. Um dia de visitas que chegam, assinam o ponto e vão embora. Uma noite pesada, sem vida, sem compreensão, que me abate e oprime num silêncio feito de gelo.

Hoje. Serão oito mil tentativas de suicídio em todo o mundo. (Só quer perder a vida aquele que já perdeu toda esperança.) E serão mais de mil aqueles que irão dar fim à própria existência, enquanto milhares de enfermos e agonizantes pedem um minuto a mais de vida.

Hoje. Serão cinco milhões de cancerosos, sabendo ou ignorando que seus sofrimentos logo terão o fim que não desejam. E quantos serão aqueles que estão sofrendo na miséria e no abandono, sem ninguém que lhes diga ao menos uma palavra de consolo e de esperança? Quanta mãe abandonada, quanta criança morrendo de fome, sem pão e sem amor!

Hoje. Ao lado de uma imensa miséria, o luxo, a vaidade, o comodismo esbanjando riquezas, procurando abafar com suas orgias o gemido daqueles que sofrem e agonizam. Hoje, Senhor, que posso fazer por este mundo, eu que também estou sofrendo, tentado a não ver ninguém, para pensar somente em mim mesmo?

Tenho de sair de meu egoísmo, deste isolamento onde procurei construir meu refúgio. Sair à procura de teus filhos, porque eles são meus irmãos. Ir ao encontro deles, levando comigo a única riqueza que tenho, e que lhes posso oferecer: meus sofrimentos de cada dia.

Hoje e sempre, que meu sofrimento possa ajudar a sofrer aqueles que já cansaram ao peso da própria cruz. Mas que possa ajudar também aqueles que zombam do sofrimento, com suas vidas de prazeres, de riquezas e liberdade. Se eles não sofrem, muitas vezes fazem sofrer. Que eles, tendo amado todas as coisas deste mundo, sintam a alegria de amar alguém. Uma felicidade que eles não conhecem. E aí não estará também um sofrimento?

O CAMINHO DA VOLTA

Para nos lembrar a infinita misericórdia do Pai, Cristo um dia nos falou do filho pródigo. O rapaz, ainda inexperiente, sonhava gozar a vida. Saiu, por isso, de casa, levando consigo a parte da herança que lhe tocava. Viajou, divertiu-se aproveitou como pôde. Mas... o dinheiro acabou, e com ele acabaram também as amizades e companhias. Na miséria, passando fome e privações, o prodígio caiu em si, lembrando os tempos em que nada lhe faltava no aconchego da família. Arrependeu-se e decidiu voltar. Qual não foi sua surpresa quando, ao avistar a casa paterna, viu também o pai que lhe vinha ao encontro, com braços abertos para receber. E sua volta foi festejada em casa com um grande banquete que o pai mandou preparar. Todos estavam à mesa, na maior alegria, quando chegou, de seu trabalho no campo, o filho mais velho. Soube do que se tratava. Enciumado, negou-se a participar da festa, censurando o pai por fazer tanto por um filho que nada mais merecia receber.

Neste mundo, todos, mais ou menos, somos como o filho pródigo. Enquanto temos saúde e recursos, Deus não nos preocupa muito. Pensamos apenas em aproveitar, e o mais que pudermos, aquilo que a vida nos deu. Até que uma doença chega para nos levar a um hospital, quando não é um negócio mal feito, ou um desentendimento em família, colocando-nos no vinagre do pessimismo, da desconfiança e do desânimo. É quando nos lembramos de voltar atrás, pensando naquele Pai que pode resolver nossa situação.

Esquecido como foi durante tantos anos, Deus, às vezes, não se mostra muito apressado em nos socorrer. E, enquanto esperamos por ele, vemos a outros, generosamente atendidos, recuperando a saúde, resolvendo seus negócios e suas dificuldades. Queixamo-nos então de que Deus nos esqueceu, de que ele só atende os outros e não ouve nossos pedidos. Filhos pródigos, mais o irmão mais velho, com seu orgulho, seus ciúmes e suas lamúrias: é o que somos...

Deus não precisa de nós; somos nós que precisamos dele. É certo que, como Pai, Deus não nos esquece. Mas espera que nós também não o esqueçamos. Lembrarmo-nos dele somente quando a vida nos aperta, isso não é amor, mas simples interesse.

Temos de pedir, sim, mas com humildade, sem exigências e sem queixas. Temos de confiar em sua bondade, certos de que ele tem muito para nos dar e sabe quando e como irá fazê-lo. Mas... e nós? Nada temos para lhe dar, para lhe oferecer? Deus também quer receber de nós. Nossas obrigações de cada dia, nossa paciência nos sofrimentos e nas dificuldades, nosso interesse e nossa caridade por aqueles que estão sofrendo, nosso desprendimento, enfim, toda a nossa vida, pois nada temos que não lhe pertença. Ele é nosso Pai, mas também nosso Senhor.

POBRE, MAS MILIONÁRIO

Há anos, num lugarejo de nosso interior, veio a minha procura um garoto, pedindo-me que fosse atender seu pai que estava para morrer. Após uma longa caminhada a cavalo, e depois a pé, cheguei a um rancho de taipa esburacada, à beira de um rio. Entrei. E vi, num pedaço de esteira sobre o chão nu, um velho enrolado em uns trapos, a minha espera.

Sentei-me a seu lado, no chão, em meio a um enxame de moscas e mosquitos. Conversei um bom tempo com ele e tratei de animá-lo com o pensamento de uma outra vida. E quando me levantei para sair, com muito esforço, o velhinho me disse pausadamente: "Padre, eu sou um filho de Deus; agora... está chegando a hora de eu ver meu Pai". – E esboçou um leve sorriso de alegria e de esperança.

Impressionado, saí daquele rancho quase com vergonha de mim mesmo, reconhecendo que aquele pobre agonizante, em meio a toda a sua miséria, havia-me dado uma esplêndida lição de fé e de confiança em Deus.

Aquele quadro de tanta pobreza e abandono eu nunca mais o esqueci. E não esqueci também aquela frase pronunciada por um agonizante, simples e analfabeto, frente a frente com a morte que se aproximava. Com uma aula de profunda teologia, ou com toda uma conferência ascética, eu não teria aprendido tanto.

Sou um filho de Deus. Que pensamento mais consolador para quem nada possuía deste mundo, e via chegar a morte assistido tão-somente pela miséria que o cercava? Esquecido e abandonado naquele deserto, ele sabia não estar abandonado pelo Pai. E achava forças para vencer os últimos momentos nessa verdade tão simples e tão eloquente: Sou um filho de Deus.

Ele sabia que sua vida estava no fim; apesar disso, nenhum medo, nenhuma queixa ou inquietação. Se nada mais lhe restava aqui na terra, ele já estava pensando em uma outra vida. E, com uma calma de fazer inveja, com impressionante naturalidade, pôs-se a olhar para bem mais longe pressentindo sua vida além da morte. Seu coração falhando, quase já não respirava. Mesmo assim, não pôde esconder sua esperança, uma quase certeza, com aquele sorriso que iluminou seu rosto agonizante: Está chegando a hora de eu ver meu Pai.

Se os sábios deste mundo soubessem encarar a morte como aquele agonizante analfabeto a encarou: a hora de eu ver meu Pai!... E se os ricos deste mundo fossem tão rico como aquele indigente, milionário em sua fé e confiante em Deus! Velhinho feliz! Agora que você já está vendo o Pai, repita, junto aos que sofrem e agonizam, aquela frase que você me disse naquele seu rancho, à beira do rio, para que todos, com você, possam ver e bendizer o Pai!

NÃO HÁ REMÉDIO?

Muitas vezes, numa doença ou numa dificuldade qualquer, a pessoa que sofre procura conformar-se com a situação, dizendo simplesmente: "Paciência! Não há remédio..." Será quase o mesmo como se a pessoa dissesse: "Vou deixar como está, para ver como fica..."

Não há remédio... mas será que não há mesmo? Meu amigo: para todo e qualquer sofrimento sempre haverá um remédio. Não estou falando, é claro, de um remédio infalível, que cure realmente todo e qualquer sofrimento, no dia, na hora em que você quer. Falo de um remédio que torna seu sofrimento mais leve e suportável, porque o eleva de tal maneira que, na altura, acima de você, ele não chega a pesar tanto sobre seus ombros.

O sofrimento continuará existindo; mas você não irá sentir tanto sua presença e seu peso, porque entre ele e seus ombros estará uma espécie de almofada, para diminuir e suavizar seus golpes. Que remédio será esse?

Não é o fatalismo que lhe diz: Você tem de sofrer mesmo; paciência, e vá aguentando firme, porque remédio não existe. Esse modo de pensar só poderia levar você à revolta, ao desespero de se ver irremediavelmente condenado a sofrer. E, com isso, maior ainda seria seu sofrimento.

O remédio é outro e chama-se compreensão. Acostume-se a encarar o sofrimento não como uma injustiça, uma anormalidade, mas como algo muito comum e muito normal neste mundo em que vivemos. Enquanto você viver, ele estará fazendo parte de sua vida. Compreendendo isto, não se entregue ao pessimismo; pelo contrário, procure arejar sua mente com o ar puro de um otimismo sadio, calmo e confiante. Você sabe que não há mal que venha por bem. E o bem que você pode tirar do sofrimento depende de você mesmo, isto é, da maneira como você comprendê-lo e aceitá-lo.

Sem se deixar abater, não se entregue, não se feche em sua amargura e seu mau humor. Lembre-se daquele Pai que não o esquece e confie em sua bondade. Em suas mãos você pode enfrentar a situação com firmeza e segurança. Deus não pode querer o mal para seus filhos; mas ele pode querer o bem, através de uma doença ou de um aflição qualquer. E você precisa igualmente querer esse bem, que deve ser sua paciência, confiança e conformidade. Com isso, você não estará adquirindo méritos diante de Deus? Sem dúvida! Seu mérito será muito grande, e em atenção a sua fé e confiança Deus irá ouvir mais facilmente seu pedido, abreviando seu sofrimento.

Confiança, pois, amigo! E não se esqueça de que o Pai tem sua hora, que, para nós, parece, às vezes, tardar, mas que nos planos divinos será a melhor hora para sermos atendidos. Faça uso do remédio acima indicado e verá que ele é realmente maravilhoso.

EU SOU A RESSURREIÇÃO

Morena, muito viva, de catorze anos. Em casa, no interior, era conhecida como a "menina impossível". Tendo perdido o pai, independente e irrequieta como era, saiu de casa, buscando colocação na cidade grande. E aí naufragou.

Aos dezessete anos, lá estava ela presa num educandário, que todo o mundo chamava ainda de reformatório. Triste, arrasada, a infeliz já era uma moça envelhecida. Olhos fundos, sem brilho e sem vida, mostravam bem todo o desânimo e toda a desilusão em que vivia. Sem coragem para encarar o futuro, não se desligava do passado que lhe parecia um montão de ruínas. Foi entre lágrimas e soluços que ela me expôs todo o drama que a martirizava.

Conversamos longamente. E eu lhe mostrei que, sobre ruínas, também podemos construir não somente casas, mas até palácios. Diante de Deus o arrependimento é sempre a esponja que tudo apaga. E a misericórdia divina, que procura e acolhe as ovelhas extraviadas, faz brilhar auroras de ressurreição na morte daqueles que o mundo matou.

Sim, o mundo da malícia e da hipocrisia é esse criminoso impune que, primeiro, ilude e afaga suas vítimas; depois as mata e as atira como um resto à sarjeta do desprezo e do abandono. Mas, acima desse mundo, que é a morte, está o poder daquele que disse: "Eu sou a ressurreição e a vida" (Jo 11,25). Sobre as ruínas do pecado, ele não se cansa de construir, com os recursos infinitos de sua misericórdia. Que o digam os filhos pródigos e as ovelhas perdidas que, após terem vivido anos e anos no lodo, o arrependimento devolveu aos braços do Pai.

Um dia estava o Mestre descansando à beira de um poço (Jo 4,39), quando ali chegou uma mulher para buscar água. Uma infeliz que, tendo vivido sucessivamente com seis homens, precisou confessar ao Mestre: Não tenho marido. Mas ali estava, apesar de tudo, uma alma sincera e desejosa da Verdade. Mereceu, por isso, as atenções do Mestre que esclareceu sobre o mistério da salvação. Dali saindo, já transformada, ela passou a anunciar, por toda a parte, que o Mestre de Nazaré era o Messias que todos esperavam. A primeira mensageira do Evangelho naquelas regiões. Cristo não considerou o que ela havia sido, mas o que ela ainda poderia ser.

Todos somos construtores do reino de Deus, em nós e em nossos semelhantes. Se há os que podem construir em terreno limpo, apropriado, há também os que devem construir em terreno difícil e até sobre ruínas. E desses também é o Reino dos céus.

Quando acabei de falar, havia nos olhos daquela infeliz de dezessete anos uma réstia de esperança. Foi quase sorrindo que, agradecida, ela me disse: "Agora, sim, noto que estou ressuscitando". – "Graças a Deus!" –, respondi.

ERA NECESSÁRIO

No dia da ressurreição de Cristo os apóstolos estavam, à tarde, reunidos numa casa de Jerusalém. A portas fechadas, por medo dos judeus, comentavam tudo o que havia acontecido naqueles dias. Embora estivessem já admitindo a ressurreição do Mestre, o que eles não esperavam, não conseguiam, porém, compreender como foram os sofrimentos e a morte horrível que ele tivera. Para eles, o clima antes de tristeza e decepção começava agora a tomar cores de alegria, à medida que lhes aumentava a certeza de que o Mestre realmente havia ressuscitado.

Enquanto conversavam, de repente, o Mestre apareceu entre eles. Susto, admiração, dúvidas: um fantasma, ou seria ele mesmo? – "Por que vocês estão assim, com tanto medo? – perguntou o Ressuscitado. – Vejam os sinais das chagas em minhas mãos e em meus pés. Podem tocar-me e verão que um fantasma não tem carne e osso como eu tenho".

Mesmo assim os apóstolos continuavam duvidando. Por isso ele sentou-se, comeu alguma coisa, e lhes disse: "Tudo o que aconteceu neste dias veio confirmar o que eu já havia dito a vocês! Era necessário que eu sofresse antes, para depois ressuscitar ao terceiro dia! (Lc 24,46).

Sim, para ele, era necessário. E para nós? É também necessário. Estamos ainda vivendo nesse oitavo dia que é nossa passagem por este mundo. Como o Cristo precisou sofrer, porque essa era a vontade do Pai, assim também nós precisamos sofrer, porque Deus quer nossos sofrimentos como uma reparação por nossas culpas e pela culpa de todo o mundo.

É necessário. Não há dúvida: trata-se aqui de uma obrigação, de uma necessidade a que não podemos fugir. Por mais que nos esforcemos, o sofrimento não sairá de nosso caminho. Ele faz parte de nossa vida terrena, como preparação da glória que nos espera. Se agora participamos do sofrimento de Cristo, um dia participaremos também de sua glória. Essa é a esperança que nos deve animar e encher de alegria.

Em sua primeira carta, São Pedro nos diz: "Alegrem-se, na medida em que vocês participam dos sofrimentos de Cristo, para que a revelação de sua glória seja, depois, para vocês, uma alegria perfeita" (4,13). Participar dos sofrimentos de Cristo: isso é, para nós, sofrer com ele, movidos pela mesma intenção que ele teve de reparar a maldade do mundo e a nossa também. Se é necessário que soframos, temos de valorizar sempre mais nossa cruz de cada dia, sabendo sofrer. Um dia, estamos certos disso, iremos compreender o que escreveu São Paulo: Todas as lutas e todos os sofrimentos desta vida não se comparam com a glória que nos espera junto de Deus. É necessário. Que não nos desanimem o trabalho, o sacrifício, o sofrimento. Por mais que soframos, iremos constatar depois que o preço não foi elevado, já que a recompensa há de ser eterna, infinita.

O SOFRIMENTO: UM PRAZER?

Entre aqueles que falam ou escrevem sobre o sofrimento humano, ouvimos, não raro, aquele trêmulo famoso: "A conformidade pode transformar nossos sofrimentos num verdadeiro prazer". Devagar! Não discutimos o valor da resignação cristã, como uma virtude que todos devemos praticar. E compreendemos que, quando aceitamos resignadamente, o sofrimento se torna mais leve e mais suportável. Mas dizer que a conformidade tenha o poder mágico de transformar em doçura aquilo que, para nós, sempre terá de ser amargo é um inocente exagero. Deixemos que as virtudes tenham o valor que elas têm; e isso basta.

Cristo foi, sem dúvida, a perfeição na prática da conformidade, como nas demais virtudes. No entanto, agonizando no jardim das oliveiras, ficou apavorado diante dos sofrimentos e da morte que o esperavam. Naquele momento ele teve uma visão perfeita de tudo. Foi quando ele orou: "Pai, não se faça a minha vontade, mas a tua". Plena e absoluta conformidade. Mas nem por isso ele deixou de sofrer. Extenuando, caiu por terra, enquanto lhe escorria do rosto um suor todo de sangue.

É verdade que, na primeira página deste livro, se diz: somente sofre quem não sabe sofrer. Sim! E explico: aquele que não sabe sofrer, por não compreender e não aceitar o sofrimento, não consegue passar pela aprovação; nela naufraga e nela se afoga. Ao passo que quem sabe sofrer, não o negamos, sofre também, mas passa apenas pelo sofrimento e, com resignação, coloca-se acima dele. Portanto: a conformidade não realiza esse milagre de transformar o sofrimento em prazer. O que ela faz é ajudar nossa fraqueza, para podermos passar pelo sofrimento, sem conhecer o naufrágio da revolta e do desespero.

Note-se por isso que esse sofrimento-prazer é geralmente muito suspeito. Poderá ser tão mórbido e doentio como o prazer que produz. O que acontece, em se tratando da conformidade no sofrimento, é o seguinte: A conformidade, como virtude, é uma manifestação de amor a Deus. Esse amor não desfaz, nem transforma o sofrimento, mas, isto sim, acrescenta-lhe algo de consolo e até de prazer. O amor poderá ser dirigido a Deus diretamente, ou indiretamente, por meio de nossos semelhantes. Assim, por exemplo, aqueles que, à custa de imensos sacrifícios, se dedicam à caridade, sentem, é certo, o peso dos sacrifícios. Mas experimentam também uma dose de alegria e de prazer pelo bem que realizam. O mesmo acontece com aquelas mães que se sentem realizadas e felizes, em meio a todos os sofrimentos que enfrentam pela felicidade dos filhos.

É esse o milagre que só o amor pode realizar. O sofrimento sempre será o que é. Mas, aceito com amor, ele deixa de ser apenas isso, para ser um pouco mais: sofrimento e consolo.

SEM COMPLICAÇÕES

Em seu Diário, o papa João XXIII deixou-nos uma norma que ele se propôs seguir em toda a sua vida: Não complicar as coisas fáceis e simplificar as coisas difíceis.

Há pessoas que, sem o querer, costumam complicar tudo. Nas coisas mais simples afogam-se em minúcias e detalhes, tecendo para si uma teia de aranha, da qual não conseguem sair. Com isso vivem criando para si aborrecimentos e dificuldades que facilmente poderiam evitar. Como não complicar as coisas? E como simplificar tudo o que nos parece difícil?

Deus é a simplicidade perfeita. Nele não há complicações, e para ele tudo é absolutamente simples. Vivendo com ele, não iremos depender apenas de nossas forças, ou melhor, de nossa fraqueza, sentindo-nos abandonados a nós mesmos. Teremos coragem e segurança necessárias para enfrentar qualquer dificuldade, olhando tudo com firmeza e serenidade. Não estamos nas mãos de um Pai que nos ama e que tudo pode em nosso favor? Com essa confiança em Deus poderemos chegar àquela paz e naturalidade que não complicam as coisas e simplificam tudo o que nos parece de difícil solução.

Altas horas da noite estavam os apóstolos atravessando o lago de Tiberíades num barco. O Mestre havia ficado em terra, atendendo o povo. De repente, em meio à escuridão da noite, os discípulos notaram, ao longe, um vulto andando sobre as águas, vindo ao encontro do barco. Apavorados, puseram-se a gritar, não sabendo o que fazer. – "Não tenham medo! – gritou-lhes o Mestre; – sou eu!" – Aproximando-se, ele subiu ao barco, e o medo acabou.

Muitas vezes Deus faz assim. Esconde-se na escuridão de alguma situação difícil, para provar nossa confiança. Imaginamo-nos logo perdidos e começamos a ver fantasmas em nós mesmos, nos outros, em tudo! Calma! Confiança! E iremos ver que a situação não é assim tão confusa como parece. Lembremo-nos do Pai, e confiemos em sua bondade, pois o Mestre nos garantiu que não cai um fio de cabelo de nossa cabeça sem que o Pai o saiba e permita.

É muito natural que os problemas e as dificuldades que surgem a nossa frente nos preocupem e exijam nossa atenção. Deus não irá fazer tudo sozinho; mas nós também não iremos resolver tudo por nós mesmos. Ele conosco, e nós contando sempre com a força que ele certamente nos irá emprestar; então tudo em nossa vida será mais fácil, mais simples, sem complicações.

Deus está presente em cada minuto, em cada circunstância de nossa vida. Que nossa fé no-lo mostre; e que nossa confiança nos coloque em suas mãos. Quando alguém crê em Deus e nele confia, os fantasmas desaparecem.

NO PARAÍSO

Naquele dia, em Jerusalém, três criminosos foram levados ao suplício da cruz: Jesus de Nazaré, que se dizia o Cristo, e outros dois, conhecidos em toda a região como ladrões e assassinos. Um deles, segundo a tradição, chamava-se Dimas, cuja vida não devia ter sido muito limpa nem muito inocente. E, agonizando na cruz, nada mais tinha a esperar senão que a morte chegasse, para livrá-lo daquele martírio.

Aos olhos de todos ele era um ladrão, um criminoso. Mas era também um tanto observador; e não deixou de notar, à hora da agonia, o que os outros não puderam ou não quiseram ver: aquele homem de Nazaré, que agonizava a seu lado, não era um homem qualquer. Nunca ouvira dizer que um condenado à cruz tivesse perdoado seus inimigos, como ele acabara de fazer, desculpando-nos ainda, como se não soubessem o que estava fazendo. Ouvira dizer também, em suas andanças criminosas, que aquele profeta era amigo dos pobres e desamparados, tendo prometido a seus seguidores um reino que ele dizia possuir. Com esses pensamentos, um raio de esperança para arriscar um pedido: "Senhor, quando entrares em teu reino, lembra-te de mim!" – Demasiada pretensão? Nada disso, apenas confiança. E a resposta foi imediata: "Hoje mesmo estarás comigo no paraíso".

Naquele dia, quem estava agonizando era um criminoso que todos desprezavam. Mas Cristo o atendeu e recompensou. Ao lado dele, um outro criminoso, também ladrão; um infeliz que não soube sofrer. Revoltado, morreu blasfemando, sem o consolo e a felicidade daquele que soube confiar.

Hoje, quem está sofrendo? Eu, fulano, tantos outros. E conosco poderá acontecer o mesmo: sofrer resignadamente, com toda a confiança em Deus, ou sofrer sem qualquer consolo, no desespero e na revolta.

Que o bom ladrão, com sua humildade e confiança, sirva-nos de exemplo. Afinal, nossa vida neste mundo não é, toda ela, uma agonia de lutas e sofrimentos? Sim. Que nossas culpas diante de Deus não nos levem ao pessimismo e ao desespero que nada resolvem; mas que despertem nossa confiança naquele Pai que nos quer perdoar e receber em sua amizade.

O desespero é sempre o fracasso total, é a morte. Pelo contrário, a confiança, por tímida que seja, será sempre um sinal de vida, uma chama, que tende a crescer, para nos levar à ressurreição. O pior sofrimento é aquele que já traz a marca da morte; e acontece quando alguém se entrega ao desespero que só vê escuridão e nada. O desespero não quer mais respirar. A confiança é ainda um sopro, um fio de vida que nos poderá mostrar a aurora de um novo dia. Ela sempre força os horizontes. Foi essa confiança, oculta num fio de vida, que abriu as portas do paraíso para o ladrão. E para nós ela abrirá também.

O CONSOLO DA FÉ

A morte. É sempre aquele fantasma que entra em nossa casa, ou em nossa vida, para levar alguém: pai, mãe, algum parente, alguma pessoa amiga. Ela chega sem pedir licença e sem dar explicações. Com a maior frieza ela nos rouba e não devolve mais. Não atende a nenhum pedido e não se comove diante do luto e das lágrimas que semeia. Ela é fria, indiferente, cruel; e sua força está acima de todos os poderes deste mundo.

Nos corações sem fé, a morte abre vazios que perduram sempre. Mas isso não acontece quando alguém crê numa vida eterna e sabe que a morte, apesar de todas as aparências, não é o fim, mas o início. Ela não destrói a vida humana; o que faz é transformar esta vida terrena em uma outra vida que, sendo eterna, jamais conhecerá mudanças ou transformações.

Nós amamos aqueles que vivem conosco, fazendo parte de nossa vida? Nada mais justo e natural. No entanto Deus ama, e muito mais do que nós, aqueles que nós amamos neste mundo. Aquele que não crê terá certamente que se revoltar diante do que ele considera um roubo, um assalto friamente praticado pela morte. Mas aquele que tem fé não olha a morte apenas como algo horrível que acontece, e sim como alguém que chega. E esse alguém é o Pai, recebendo de volta seus filhos e suas filhas, que deixam o exílio em busca da casa paterna. Não foi de lá que viemos? Para lá devemos voltar; e continuaremos vivendo, para sempre.

A falta de fé olha somente para a separação, dolorosa, cruel, e até mesmo violenta. Insurge-se contra ela, embora sabendo que essa revolta será sempre inútil. Outra, porém, é a atitude da fé que, lamentando, sim, a separação, olha no entanto para mais longe, vendo na morte de uma vida terrena a vida eterna que começa. Para a fé a morte não existe, pois a vida nos foi dada por Deus, não para durar alguns dias ou alguns anos, mas para durar sempre. Nunca deixaremos de existir, embora a vida futura seja outra, num outro mundo que ainda não conhecemos.

Se a descrença arrasa o indivíduo, colocando-o diante de um absurdo, a fé nos consola e anima a certeza daquela vida eterna que nos espera. Por ser Homem, Cristo também quis passar pela morte, e que morte!, para nos ensinar a morrer com os olhos na eternidade. E antes de voltar definitivamente para junto do Pai, ele nos garantiu: "Eu vou preparar vosso lugar" (Jo 14,2). Esse encargo ele se reservou.

A morte é, portanto, para nós, o fim de um exílio. Não é bem uma morte, mas apenas a passagem de uma vida para outra, mais digna e perfeita. É isso o que a fé nos garante. Que será melhor: viver na escuridão do desespero, sem nada ver além da morte, ou viver na claridade de uma esperança que ilumine nossa passagem deste mundo para o outro? A escolha é nossa.

SABER OLHAR

Diziam os amigos que aquele sexagenário era um caso incurável de pessimismo e desânimo. O dia todo em casa, fumando continuamente em sua velha cadeira de balanço, ia vivendo sua vida entre queixas e lamúrias sem-fim. Reclamava de tudo e de todos, achando que sofria de todas as doenças, enquanto via o mundo mergulhado em toda sorte de abusos, desordens e aflições.

Certo dia, em conversa com um amigo, este lhe deu uma receita. "Meu velho" – disse ele –, "você é um homem muito feliz, que tem dois olhos. Pois bem, use um olho para ver, sim, o que está errado e o que lhe dói; mas abra bem o outro, para ver tudo o que há de bom neste mundo. Olhe e contemple calmamente tudo o que é lindo e atraente para os outros. Pouco a pouco você também irá encantar-se com aquilo que encanta a vida dos demais e poderá viver feliz como eles. Não use os dois olhos só para ver a escuridão, a tempestade, as doenças e aflições deste mundo. Isso tudo você irá ver somente com um olho; com o outro você irá contemplar o sol, as flores, a luz do dia; e não se esqueça de admirar o azul do céu, a inocência das crianças, a beleza e harmonia de toda a criação. Se os outros podem pôr um pouco de luz e claridade na própria vida, por que você não faz o mesmo?" – Naquele dia o velho começou a mudar. E sarou por completo.

A receita é muito simples, fruto da experiência, e poderá dar ótimos resultados, se aplicada com certo empenho e perseverança. Por que iremos viver sempre na escuridão, se existe o sol? Por que passar o tempo a ver fantasmas, se eles não existem, ou existem apenas em nossa fantasia? Por que iremos encher nossos dias com o mau humor, com a tristeza e pessimismo, se nós, como os outros, também podemos encontrar alegrias que tornem nossa vida mais arejada, mais leve e menos enfadonha?

É certo que, para ninguém neste mundo, a vida é um mar de rosas. Mas não será também apenas um mar de espinhos. Estes, como as rosas, brotam em toda a parte. Saibamos colher rosas e deixemos os espinhos. E, se alguma vez for necessário colher algum espinho, nada de pessimismo! Sempre haverá uma rosa para compensar.

Um doente maníaco vivia sozinho numa casa que tinha somente duas janelas. Uma, dizia ele, para entrar a claridade, e a outra para entrar a escuridão. Esta era aberta à noite; mas a outra vivia sempre fechada, porque... a claridade lhe fazia mal. Aí está o que nos desagrada. Mantemos fechada a janela que nos deve trazer a luz, teimando em viver na escuridão. Nem tanto ao mar, nem tanto à praia. Se, diante da vida, não podemos exagerar no otimismo; pessimismo demais também faz mal. Que o bom senso não nos deixe cair nem de um lado nem do outro. Certo equilíbrio para saber olhar – isso sim é o que nos interessa.

NÃO DEIXE MORRER A ESPERANÇA

Neste mundo conhecemos aqueles que esperam sempre, bem como outros que não esperam nunca. Há os que continuam sempre esperando, e há também os que não esperam mais. São estes os que recusam a última réstia de luz que a vida ainda lhes pode oferecer. Quando, porém, o indivíduo alimenta alguma esperança, ele tem ainda uma janela aberta à luz, ao calor e à vida.

Quantas vezes ouvimos dizer que esta vida é triste, é vazia e inútil! Não. A vida não é isto nem aquilo, mas será sempre o que nós formos. Quem vive a vida somos nós; portanto somos nós que a fazemos triste ou alegre, cheia ou vazia, bem empregada ou inútil. Assim como há os que sabem viver a vida, infelizmente há também os que a matam, porque não sabem ou não querem dar à própria vida o significado que ela deve ter.

Se achamos que nossa vida é triste, o que fizemos para torná-la mais risonha? Nada! Por quê? Simplesmente porque vivemos mergulhados na tristeza e não sabemos colorir e alegrar a vida que vivemos. Se a dizemos inútil ou vazia, que fizemos para que ela fosse mais cheia e mais útil, para nós e para outros? A vida precisa de nós, como nós precisamos dela. Uma construção não precisa daqueles que a devem planejar e realizar? É assim que a vida precisa de nosso trabalho e nossa dedicação.

Temos de respeitar mais nossa vida, como um dom que Deus nos vai concedendo, cada dia um pouco. E Deus quer que cada um seja o construtor de sua existência. Por quê? Ele nos criou para uma outra vida, a eterna e definitiva. E esta será a consequência da vida que tivermos construído agora. Esta é uma verdade que ninguém poderá ignorar, pois, não sabendo de onde veio a vida que tem e o uso que dela deve fazer, o indivíduo também não saberá respeitá-la. Por isso não saberá construir sua existência neste mundo, dando-lhe aquela cor de grandeza e dignidade que os olhos de Deus um dia irão contemplar.

Aquele que não sabe tratar ou cuidar da semente irá perder a árvore, com os frutos que dela poderia receber. E esta vida é uma semente. É dela que deverá nascer a felicidade que esperamos alcançar neste mundo, e, mais do que isso, aquela felicidade a que fomos destinados, numa vida que não conhecerá fim. Sendo, portanto, uma semente, esta vida é para nós uma esperança.

Aqueles que já não sabem esperar, estão realmente mortos, porque perderam a vida que é a esperança. Somente vive quem sabe esperar. Não desprezemos, pois, essa sementinha que é nossa vida de cada dia. Ela merece nosso carinho e nosso respeito. Assim como da semente deve nascer a árvore, assim também desta nossa vida terrena irá nascer, um dia, nossa eternidade.

ORAÇÃO

Senhor! Quando andaste por este mundo, foram muitos aqueles que saíram a tua procura, buscando, em tua misericórdia, alívio e consolo para seus sofrimentos. Tu sabes que eu também estou sofrendo; e eu sei que tua misericórdia tem seus motivos para permitir que eu viva esta situação. Por isso deixo tudo em tuas mãos.

Compreendo, Senhor, que tua grandeza não precisa de minha saúde. Com ela ou sem ela, serei sempre o mesmo diante de ti. Mas eu sei que em tudo e sempre queres minha submissão, meu amor. Aceito, pois, o que tua bondade resolver. Se me quiseres devolver a saúde, eu te agradeço, e desde já bendigo tua misericórdia. Mas, se em teus planos divinos, queres que eu continue sofrendo, aceito humildemente tua vontade, pois, quem seria eu para não aceitá-la?

Sim, eu sei que não precisas de minha saúde, mas queres meu amor, minha submissão. Que eu te ame, por todos aqueles que te esquecem; e que eu me conforme a tua vontade, por todos aqueles que se revoltam e desesperam. É por isso que agora eu te peço um coração grande e aberto, para te ouvir, para te compreender e aceitar.

Peço que me dês um coração semelhante ao teu, que não viva fechado no egoísmo, mas aberto ao amor que devo a meu

Pai e à caridade que devo a meus irmãos. Eles também sofrem, e talvez mais do que eu. Que meu sofrimento sirva para lhes despertar a fé, a confiança, o amor. Tenho de amar a todos, tenho de servir a todos, e por todos devo sofrer também.

Dá-me, Senhor, um coração generoso e forte, que não desfaleça diante do cansaço, das ofensas, do esquecimento. Um dia teus ombros conheceram o peso da cruz; sabes por isso que eu também posso cair e desanimar ao longo de meu caminho.

Tenho de pensar, Senhor, que meus sofrimentos já estiveram em tua vida, e foram santificados por teu amor à vontade do Pai. Que eu não me esqueça de que estou em tuas mãos, para sofrermos juntos pela glória do Pai e salvação do mundo. Assim meu sofrimento não será inútil, mas poderá dar a outros a fortaleza e compreensão que talvez não tenham.

Tu sabes que sou humano, por isso não vejo encantos nem atrativos em sofrer. Mas tenho diante de mim teu exemplo. Por amor ao Pai e ao mundo não recusaste todos os sofrimentos que esta vida humana te impôs. Com esse mesmo amor espero também aceitar a reparação que me toca, por minhas culpas e pela culpa de todo o mundo. Aceito, pois, viver estes dias que só começam e estas noites que não têm fim. Estando, como estou, nas mãos de meu Pai, acho que estou em muito boas mãos, para não me queixar e nada temer.

NOSSA GRANDEZA

Entre os apóstolos, Pedro era sem dúvida aquele que se distinguia por uma grande amizade e dedicação realmente sinceras para com o Mestre. Pouco antes de sua prisão, Cristo, que conhecia muito bem o medo e a fraqueza de seus amigos, predisse: "Nesta noite, vocês todos vão me negar". – "Impossível! – objetou Pedro –, ainda que todos o façam, eu não te negarei". – Horas depois, preso o Mestre, os apóstolos todos fugiram; mas Pedro o acompanhou, embora de longe, até o Palácio de Caifás. Com alguns curiosos, conseguiu entrar no pátio, ali permanecendo para ver como seria resolvido o caso. Desconfiada, porém, uma criada do palácio aproximou-se e lhe disse: "Você também é um dos tais que andam com este profeta?" – "Eu não!" – retrucou firme o apóstolo. – "É sim! – continuou a criada –, seu sotaque galileu não o nega". – Temendo pela própria sorte, Pedro continuou afirmando que nem conhecia aquele homem.

Quanto medo, quanta fraqueza e covardia naquele que se julgava dono de inabalável coragem! O apóstolo confiou demasiado em si mesmo. Esqueceu que não passava de um simples e ignorante pescador, sujeito a qualquer fraqueza como os demais. Porque era amigo do Mestre, porque o acompanhava, ouvindo sua doutrina e vendo seus milagres, achou que já era outro. E não será isso o que acontece, às vezes, conosco?

Neste mundo, todos somos como as pinturas: temos de ser olhados de longe. É que de perto as falhas aparecem. E nós mesmos só nos olhamos de longe, e com muito cuidado. É por isso que, não vendo nossos defeitos, julgamo-nos donos de virtudes excelsas e de qualidades raras, dotados de uma fé inabalável e de uma fidelidade a toda prova para com Deus.

É assim que nos colocamos logo acima dos outros, encastelados num orgulho que não nos deixa ver aquilo que realmente somos. E esquecemos o que Pedro também esqueceu: nosso sotaque não nega, isto é, nossas falhas e nossos defeitos continuam mostrando o que somos: apenas um punhado de barro, filhos legítimos daqueles primeiros pais que se imaginaram iguais a Deus.

Já dizia o velho Cervantes que todo homem é como Deus o fez; às vezes, um pouco pior. Por nós mesmos nada somos, e quanto mais queremos ser, tanto menos estamos sendo. Que sejamos como Deus nos fez, e isso basta. Reconheçamos nosso nada, porque só a humildade nos leva aos olhos de Deus.

Mas não nos esqueçamos de que a humildade é a verdade. Se ela nos diz que nada somos por nós mesmos, ela nos diz também que, pela infinita bondade de Deus, nós somos seus filhos; essa é toda a nossa grandeza. Saber vivê-la, reconhecendo nossas falhas, crendo, confiando e amando aquele Pai que, com tanto amor, recebeu-nos e adotou, é tudo o que temos a fazer. Então seremos realmente filhos e filhas de Deus. E Deus será para nós aquele Pai que desejamos.

ALEGRAI-VOS NO SENHOR!

Escrevendo àqueles primeiros cristãos que tanto precisavam sofrer pela fé, São Paulo os encorajava, dizendo: "Alegrai-vos no Senhor! Ainda uma vez repito: alegrai-vos no Senhor!"

Para nós, todo sofrimento terá sempre o sabor amargo de uma tristeza. E, para atenuar essa amargura, nada melhor do que a lembrança daquele que nos foi anunciado como uma grande alegria. Sim, quando ele nasceu, um anjo se encarregou de apresentá-lo ao mundo, na pessoa dos pastores de Belém; e o fez dizendo: "Eu vos anuncio uma grande alegria: nasceu o Salvador!"

Isso vem lembrar-nos que ele não se aproximou de nós como um juiz, para acertar contas conosco. Não veio como um soberano, para nos humilhar e nos submeter aos caprichos de suas ordens. Pelo contrário, ele nos procurou na inocência e candura de uma criancinha; e a criança não é, toda ela, um sorriso maravilhoso de alegria e de paz?

Foi assim que ele chegou a este mundo. Era a paz e o perdão que o Pai nos oferecia; a misericórdia para nossas culpas, bem como a coragem e o consolo para nossos sofrimentos. – Vinde a mim todos que, de alguma forma, vos sentis sobrecarregados – foi o que ele nos disse. Todos? Sim, ele não faz exceção. Aqueles que sentem o peso do trabalho, das dúvidas e preocupações, enfim, todos os que sofrem estão sendo procurados pela infinita misericórdia.

Alegrai-vos! E isto porque o Salvador nunca pôde ver sofrimento amargando a vida de alguém, sem que se comovesse, sentindo-se obrigado a aliviar todas as aflições que lhe fossem apresentadas. Se o apóstolo não nos diz simplesmente: "Alegrai-vos!" Mas: "Alegrai-vos no Senhor! É porque Deus quer ser uma força e um consolo para nós".

Compreendemos assim que essa alegria no sofrimento só pode nascer da confiança que tivermos na misericórdia divina, sempre pronta a nos atender. A alegria que não vem de Deus é falsa; por isso é egoísta, visa o próprio interesse, é leviana, instável e passageira; uma alegria que não sabe, nem pode sentir com os outros, por estar vazia de Deus.

Alegrando-nos, porém, no Senhor, sentimo-nos seguros e confiantes num poder infinito, num amor sem limites. Nossa vida se aquece então ao calor de uma alegria firme e perseverante. Embora discreta, ela aparece acima de nossos sofrimentos, para consolo e edificação daqueles que, talvez, estejam sofrendo mais do que nós. Vivendo-a em meio às tristezas deste mundo, estaremos dando mostras de fé e confiança àqueles que, não crendo no Pai, também não podem confiar em sua misericórdia. Temos de chegar até eles com nossa alegria, para que eles também conheçam o Deus da alegria e da paz.

ESTE MUNDO É ASSIM

Aqui encontro um pobre doente, definhando no ambulatório de um hospital. A mulher o abandonou; e os filhos, diz ele, andam por aí, porque esqueceram o pobre velho. Esse é o fim de uma vida dura e difícil, sem nenhuma atenção, sem qualquer carinho. Que mais? Apenas o desejo de morrer. É quando a gente fica pensando: que será mais triste: morrer na pobreza, sem ter o que levar? Ou morrer em meio à riqueza, sem poder levar?

Uma senhora muito rica, da alta classe, vivia numa mansão, onde sobravam as riquezas, o luxo, todo o conforto. Casada, porém, com um milionário sem consciência, vivia na viuvez, porque o marido, em vez de se dedicar à esposa, vivia dedicado às mulheres, ao jogo, às companhias. Pergunta-se: Quem será mais infeliz: a mulher que vive na pobreza, com o apoio, com o amor e respeito do marido, ou aquela que, tendo tudo, tem até o que não quer, no desprezo do marido que a envergonha e humilha?

Depois, é o caso de uma moça, filha de boa família, mas um tanto ingênua em seus dezoito anos. Apaixonou-se por um rapaz, e dele ficou noiva. Mas acreditou demais na felicidade, aceitando como amor o que era apenas maldade. Um dia viu-se no desespero, porque o rapaz desapareceu, deixando-a na lama da desonra. Nem solteira, nem casada, só lhe restaram as lágrimas da família e os comentários das amigas.

Aqui, uma pausa para reflexão: Suspirar por alguém, no barro, pela pureza que perdeu, ou crendo alguém ser puro e viver sonhando com a impureza que não provou... são duas maneiras de alguém sofrer. E, das duas, qual a mais digna diante de Deus? Certamente a primeira.

E vejo um senhor muito rico, pai de três crianças lindas. Extremamente dedicado à mulher e aos filhos, levava consigo um espinho terrível. A esposa fútil e leviana, à custa de frequentar certas companhias, foi-se deixando levar pelo jogo e pela bebida. Tratamento, conselhos, ordens, nada resolveram. Foi dada como caso perdido. Não será mais infeliz aquele ajudante de caminhão, que vive quase na miséria, mas com uma mulher fiel, ativa e dedicada? Essa é a riqueza que o milionário não tinha.

Ouvimos dizer que pimenta é colírio, mas... nos olhos dos outros. Isso porque, em nossa vida, só vemos espinhos, achando que, na vida dos outros, até os sofrimentos são rosas. Não lamentemos tanto nossa situação de sofredores; a dos outros não é a mesma? Este mundo nunca será um paraíso, nem para nós nem para aqueles que vivem invejando. Saibamos carregar o peso que a vida nos impôs, certos de que há outros sofrendo mais do que nós. Com isso aprenderemos a sofrer um pouco menos. A felicidade que vemos, muitas vezes, na vida dos outros, não é assim tão real como a imaginamos. Por que invejá-la?

DEUS É AMOR

Dar uma definição de Deus – quem poderia fazê-lo? Foi o que fez o evangelista, quando nos disse que Deus é o Amor (1Jo 4,8). Uma definição que, naquele tempo, terá despertado a admiração de muita gente, e que hoje ainda precisa ser melhor meditada, para ser realmente vivida. Para os judeus somente existia o Deus dos exércitos, o Senhor da ira e do rigor. Por isso não chegavam sequer a pronunciar o nome Javé. Os primeiros cristãos, em sua maioria judeus convertidos, continuaram a pensar da mesma forma; e hoje nós também conhecemos o Deus da sabedoria, do poder e até da vingança. Mas o Deus Amor não está muito na ideia que dele fazemos.

É certo que, no Antigo Testamento, Deus se manifestou mais como Senhor. Mas, após a encarnação, não podemos negar que Deus quis ser conhecido como Pai. Esse é o termo que Cristo geralmente usou para falar de Deus a seus ouvintes: O Testamento do rigor e da justiça terminou no presépio; daí em diante começou para o mundo o Testamento da paz e do perdão, com a presença entre nós daquele Deus que se fez anunciar como uma grande alegria para a humanidade. Ele não veio para estar entre nós como um juiz, mas como vítima de um amor infinito que nos queria salvar.

Sendo esse amor eterno, perfeitíssimo, ao fazer-se Homem, Deus não deixou de ser o que era. Pelo contrário, continuou sendo o Amor, visível em seu filho humanado, como um pai, buscando seus filhos pródigos, ou como um pastor, à procura de suas ovelhas desgarradas. Para nós, Cristo foi, como ele mesmo o disse, o presente de Deus, a manifestação perfeita do Amor que nos vinha perdoar e receber como seus filhos.

Deus é o Amor. E é assim que nós o vemos? Infelizmente, como os antigos judeus, continuamos a ver Deus muito mais como poder, sabedoria, ou mesmo como um juiz; não o temos, nem o tratamos como um Pai. E por isso também não nos sentimos seus filhos, podendo contar sempre com sua misericórdia e com seu amor.

É natural que não conheçamos, nem cheguemos a compreender os planos de Deus a nosso respeito. Sabemos, porém, que ele é Pai, e como tal só deseja a felicidade de seus filhos. Apoiados nessa verdade, iremos saber que tudo em nossa vida, inclusive o sofrimento, só tem uma finalidade nos planos divinos, ou seja, nossa felicidade eterna. Precisamos compreender que, sendo o Amor, Deus não guarda qualquer rancor, nem alimenta planos de vingança a nosso respeito. Sua bondade tudo encaminha para o bem de seus filhos. Não o entendemos? Deus o entende; e um dia nós iremos compreender também. Por toda a eternidade iremos amar o amor que nos amou em tudo o que fez parte de nossa vida.

SOFRIMENTO INÚTIL?

Nós raízes, labutamos na pesada terra,
para que, à luz do sol, haja no mundo
a frescura balsâmica das sombras,
a graça das flores, o sabor dos frutos.
Por toda dor sofrida abre lá em cima
o riso de uma flor que nunca vemos;
nós somos como as almas que, na vida,
todas se dão ao bem, entes sonhando,
noutra longínqua vida, uma alegria
ganha na terra com suor de lágrimas.
Nós somos o profundo sacrifício,
um ignorado amor que ninguém ama.

Assim falaram as raízes, na pena do poeta. É o que podem falar também aqueles que compreendem e vivem o sofrimento. Ninguém diz que o sofrimento seja um trabalho, uma atividade que represente algum valor. No entanto ele é, pelo menos devia ser, um trabalho como o das raízes, desabrochando flores e alimentando frutos sobre a terra.

Quantas almas não aproveitaram do sofrimento para se elevarem, mais livres e desprendidas, para se ocuparem mais de Deus e de seus semelhantes! Quantos não se valeram de uma enfermidade ou de um contratempo, para reconhecerem a necessidade da presença de Deus na própria vida, por meio da fé, da confiança e do amor! Flores e frutos que o sofrimento conseguiu, num trabalho talvez longo e penoso, mas consolador e cheio de heroísmos.

Mas não podemos ignorar que o sofrimento é também uma força para o mundo. Quando cheias de Deus, as lágrimas realizam mais no silêncio do que as palavras mais eloquentes e inflamadas. Que uma mãe se sacrifique por um filho, que uma filha sofra pela conversão do pai, que um doente incurável ofereça sua vida pelas vítimas do ódio, da ambição e das injustiças do mundo... tudo isso não terá valor diante de Deus?

Num ponto, porém, os que sofrem terão de discordar das raízes. É quando elas se dizem um ignorado amor que ninguém ama. Embora, muitas vezes, esquecido ou ignorado por outros, o sofrimento, aceito e vivido com amor, sempre terá a certeza de estar sendo visto e valorizado por Deus. Ele não viu e não valorizou a esmola da viúva? (Lc 21,1-5). É que os olhos de Deus são feitos de amor e misericórdia. Esta é uma certeza que devemos ter; um consolo que nos irá confortar sempre.

FAZENDO O BEM

A menina, de doze anos apenas, já estava morta. Mas bastou que o pai pedisse e o Mestre foi até aquela casa. Entrou, aproximou-se do cadáver e disse apenas: "Levanta-te!" – a menina voltou à vida e toda a família, que antes chorava de dor, passou a chorar de alegria e gratidão (Mc 5,22ss.).

Cansado, o Mestre estava numa região longínqua, onde fora à procura de um repouso. Mas uma mulher soube onde ele se hospedara e foi ter com ele, dizendo simplesmente: "Minha filha está doente, possessa do demônio". – Para lhe provar a fé, o Mestre explicou: "Minha filha, não estou aqui para fazer milagres". – Mas a mulher continuou insistindo, até que conseguiu o que pedia, ouvindo o Mestre dizer: "Mulher, tua fé é muito grande; vai, tua filha já está curada" (Mt 15,21ss.).

Aquela pobre viúva perdera seu filho único; desconsolada, acompanhava chorando o enterro daquele que era seu único apoio. No momento ia passando o Mestre, seguido de grande multidão. As lágrimas daquela pobre mãe o comoveram. Aproximou-se do cortejo e disse ao que falecera: "Rapaz, eu te mando, levanta-te!" – O morto ressuscitou e logo, abraçando-se a tua mãe, choraram ambos de imensa alegria (Lc 7,12ss.).

Após doze anos de terríveis sofrimentos, uma senhora doente resolveu pedir ao Mestre que a curasse. Mas como falar com ele, se em toda a parte o povo não o deixava, disputando suas atenções? Não importa – pensou ela – bastará que eu lhe toque ao menos a barra da túnica. – Foi o que fez, e sentiu-se logo livre da doença que a martirizava (Mc 5,25ss.).

Durante um banquete de casamento, preocupação em toda a casa, porque não havia mais vinho para os convidados. Vexame e constrangimento para a família. Percebendo logo o desagradável da situação, o Mestre mudou em vinho seis grandes vasilhas de água. E todos puderam continuar alegremente a festa (Jo 2,1-11).

Ele foi sempre assim, preocupado com todos aqueles que, de uma forma ou de outra, estivessem sofrendo. Ele era humano, mas não conhecia o egoísmo; por isso sabia sentir e até chorar diante de qualquer sofrimento. Tinha, pois, razão o apóstolo que resumiu sua vida, dizendo que ele passou por este mundo fazendo o bem (At 10,38).

Exemplo para nós, pois nosso egoísmo não nos deixa sentir com nossos semelhantes. É o que acontece principalmente quando sofremos. Em vez de exigir todos os cuidados e todas as atenções para nós mesmos, por que não nos lembramos daqueles que estão sofrendo mais do que nós, fazendo de nossos sofrimentos uma oração por eles diante de Deus? A misericórdia do Pai irá preocupar-se conosco, à medida que nós também nos preocupamos com nossos semelhantes.

DESENGANO

Chamava-se Zuleika. Moça de uns vinte e poucos anos, ia ficar noiva naqueles dias. O rapaz – um bom partido. Rico, bonito, formado, parecia em condições de dar à moça a felicidade que ela esperava.

Os sonhos já começavam a ganhar cores de realidade, quando tudo se desfez. O rapaz desistiu do noivado, pois já fazia algum tempo que vinha pensando em outra pretendente. Com isso a pobre moça viu seus sonhos transformados numa tempestade de amargura, tristeza e desilusão.

Coisas do amor? Sim. Não vamos dizer que o rapaz tenha sido maldoso ou leviano. Indeciso, talvez. E por isso não teve a necessária coragem para tomar antes a decisão que tomou já em cima da hora. Não querendo magoar a moça, acabou deixando sua quase noiva naquela situação difícil.

De qualquer modo, agiu bem o rapaz, não arriscando um casamento para o qual não se sentia atraído. Seu coração inclinava-se com mais força para o lado da outra. Por isso foi também uma prova de amor não continuar enganando sua quase noiva. E para a moça foi melhor passar por esse desgosto de alguns dias, do que viver depois uma vida infeliz. Quem, antes do casamento, não é fiel no amor, depois dificilmente o será.

O amor certamente é tudo. Mas, às vezes, ele é também nada. Ele deve saber decidir, ainda que isso signifique desistir. Quando se decide por alguém, ele será tudo, dando-se todo, sem restrições. Mas quando desiste, ele será nada; e esse nada poderá ser exatamente a felicidade de quem se julga prejudicado com a desistência. O tudo, às vezes, parece prometer tudo de bom e agradável; mas apenas parece. Na realidade acaba dando tudo de tristeza e desilusão. Por isso será melhor que, não estando em condições de dar tudo de bom, o amor seja logo nada, pela desistência. Antes um momento de amargura, do que toda uma vida de torturas.

É por isso que o termo "desengano", em certos casos, não deve aterrorizar tanto. Desengano é o contrário de engano. Quando alguém está enganado, iludido em assuntos de amor, é melhor que se desengane, isto é, que saia o quanto antes da ilusão e conheça logo a realidade.

Que aconteceu com Zuleika? Sofreu um desengano. Com isso dizemos que ela saiu do engano em que se achava e caiu na realidade a respeito daquele rapaz que a estava enganando. E um desengano desses não prejudica ninguém; faz sofrer, sim, mas livra a pessoa da infelicidade a que o engano certamente poderia levá-la.

Quantas Zuleikas por este mundo a fora! Justamente porque amam com sinceridade, acabam descobrindo que, também no amor, nem tudo o que brilha é ouro. E essa descoberta é necessária para que o amor se purifique de certas ingenuidades. Mais provado e experiente, ele terá certeza de que, quando se decidir, não estará caindo em novos desenganos e em novas desilusões.

RETRIBUIR O AMOR

Diz o apóstolo que Deus, em seu amor infinito, escolheu-nos desde toda a eternidade, para que fôssemos, neste mundo, figuras e imagens do Cristo (Rm 8,29). E o sinal dessa escolha foi o batismo que recebemos. Por ele fomos inseridos no Cristo, para vivermos de sua vida, como participantes de seus méritos infinitos. Esse amor espera de nós uma resposta, pois quer ser correspondido.

Sendo o Amor, Deus nos criou para amar. Temos de amá-lo com todas as forças e amar a nossos semelhantes como a nós mesmos. E nesse amor estará nossa resposta ao amor infinito de Deus para conosco. Dizemos que amor com amor se paga, porque o amor nunca se dá por recompensado a não ser por um outro amor. Mas como iríamos pagar o amor infinito de Deus, sendo nosso amor esse nada que é?

É certo que nunca poderemos retribuir devidamente o amor que de Deus recebemos. E nosso consolo é que Deus não o está exigindo, pois sabe que nosso amor nunca estará à altura de seu amor perfeitíssimo. No entanto, por imperfeito que seja, Deus quer esse nosso amor, pois ele será sempre o máximo e o melhor que lhe podemos oferecer.

E, como iremos manifestar nosso amor? Com todas as forças, com todo o coração. A medida de nosso amor para com Deus terá de ser um amor sem medida. E essa dedicação plena, total ao Pai irá manifestar-se em tudo o que faz nossa vida, de modo que, nela, tudo esteja de acordo com Deus, e seja digno de sua santidade infinita.

Estaremos assim vivendo santamente. E isso não é mais do que viver cristãmente, ou seja, de acordo com o Cristo, do qual devemos ser figuras, embora imperfeitas, aos olhos do mundo. Já nos primeiros séculos, dizia-se que o cristão é um outro Cristo. Quanto mais cristãos, isto é, parecidos com Cristo, tanto mais dignos seremos do amor com que o Pai nos ama.

Que nosso trabalho, nossos afazeres de casa, por humildes que sejam, apareçam sempre marcados com o espírito de Cristo, que em tudo nada mais visava a não ser a glória do Pai. E que esse espírito cristão esteja principalmente em nossas dificuldades e em nossos sofrimentos. As horas difíceis e dolorosas serão sempre uma prova para o amor que devemos a Deus. Horas de luto ou de tristeza, horas de sacrifícios ou de renúncias, serão bem mais leves e menos amargas, se as soubermos viver com amor, oferecendo tudo Àquele que já nos amou primeiro.

De um modo especial nessas horas de prova o mundo deverá ver em nós outros Cristos, pela resignação, pela coragem e pelo amor com que soubermos sofrer. Não foi assim que sofreu o Crucificado?

QUEM SOU?

Sou alguém que foi, alguém que é e alguém que não será mais –, assim me falou aquele homem de meia idade, com ares de filósofo. Tinha razão? Sim, mas não muita.

De fato, cada um de nós é alguém que já foi, isto é, que já viveu seus anos maduros, seus anos de mocidade, ou, pelo menos, seus anos de infância. Mas cada um continua sendo, é alguém que é, porque ainda vive a vida que tem. No entanto, à medida que os anos passam, cada um de nós acabará chegando a esta conclusão: Sou alguém que é e que não será mais, porque um dia minha vida chegará ao fim.

Por incrível que pareça, cada um de nós, ao nascer, já é capaz de... morrer. Ou, se quisermos, já é suficientemente velho para que se possa morrer, pois a morte não escolhe idade. Ao nascer, portanto, o homem já é alguém que não será mais. Que horror! Pensamos nós; que vida absurda esta! Vida absurda? Sim, se considerarmos a morte simplesmente como o fim de tudo, e o começo do nada ao qual teríamos de chegar. Mas, para nós que cremos numa vida eterna, a morte não é o fim de tudo, tampouco o começo do nada. Ela é apenas a passagem desta vida para a outra que esperamos; não é simplesmente o acabar, mas apenas o começar de novo, para nunca mais terminar.

Quem sou? Alguém que foi, alguém que é; isto eu sei. Mas eu creio também; por isso digo que serei alguém, para nunca mais deixar de ser. Eu serei eu por toda a eternidade, vivendo uma outra vida, sem cuidados, sem sofrimentos, sem a distância que me separa, sem o tempo que me envelhece e sem as incertezas que me preocupam.

"Não fiquei velho, dizia-me um senhor de quase oitenta anos, mas agora reconheço que estou terminando a última das mocidades que vivi." – Neste mundo é mesmo assim: Ainda que o indivíduo viva em contínua mocidade, chega um dia em que essa mocidade também termina. E depois... não haverá mais nada? Se não houvesse, a mocidade contínua não passaria de uma contínua velhice, pois, seja qual for nossa idade, sempre seremos suficientemente velhos para morrer. Dizer que, após a morte começa o nada, é o absurdo do indivíduo que nega a vida eterna somente porque ainda não a viveu. Essa vida eterna está justamente nessa aspiração que todos alimentamos: viver sempre. E seria um absurdo indigno do Criador, se não existisse uma realidade para satisfazer essa nossa aspiração.

Quem sou? Apenas um pedacinho de terra, perdido na imensidão desse não serei mais? É pouco, é nada para mim que desejo viver sempre. Por isso agarro com todas as forças essa esperança que a fé me oferece: Nasci para morrer, isto é, para nascer de novo, e numa vida eterna.

UMA ALEGRIA COMPLETA

Graças ao evangelista, podemos conhecer hoje as palavras com que o Mestre despediu-se de seus apóstolos, pouco antes de ser preso e condenado. Foi à noite, no silêncio do Cenáculo, que ele falou demoradamente aos discípulos, procurando animar e consolar aqueles que sempre tinham sido seus amigos (Jo 14; 15 e 16).

Meditando essa despedida percebemos logo a preocupação do Mestre em evitar que os apóstolos sofressem com tudo o que estava para acontecer. Embora já estivesse vendo perto sua morte, com os sofrimentos e as humilhações que o esperavam, nada o preocupava tanto como a tristeza em que ficariam seus discípulos, abatidos com o aparente fracasso de seu Mestre. – "Dentro em pouco vocês não me verão mais – disse ele aos apóstolos. – Vocês irão sofrer e chorar; mas essa tristeza será transformada numa grande alegria. Não tenham medo, pois eu já venci o mundo."

Referia-se ele ao ódio e à hipocrisia que já estavam ultimando os pormenores de sua condenação, mas que ele acabaria vencendo com sua doutrina de amor ao Pai e a nossos semelhantes. E a grande alegria que anunciava era o triunfo de sua ressurreição, que ninguém iria impedir, pois seu poder estava acima de todos os poderes do mundo.

Esses três capítulos do evangelista mostram-nos bem uma extrema delicadeza do Mestre para com seus apóstolos. Se a justiça eterna exigia que fosse ele condenado à morte, era inevitável o sofrimento dos discípulos, quando vissem fracassada a esperança que depositavam naquele Profeta, cuja doutrina e cujos milagres tanto admiravam. Mas, se não podia impedir essa tristeza para os seus, o Mestre também não os queria ver sofrendo. E, preocupado mais com seus amigos do que consigo mesmo, quase nos deixa a impressão de que os condenados à morte eram apóstolos, e não ele.

"Não tenham medo! Eu lhes deixo a minha paz." – Sim, diante da morte que o esperava, o Mestre estava tranquilo, sabendo que era essa a vontade do Pai. E para que os discípulos também se tranquilizassem, ele os prevenia, explicando-lhes depois: "Tudo isto eu falei para que a alegria de todos seja uma alegria plena e completa".

Essa alegria os apóstolos já a iriam gozar dias depois, ao saberem com absoluta certeza que seu Mestre havia ressuscitado, fazendo que eles também ressuscitassem do medo e da prostração em que se achavam. Triunfando da morte, o Ressuscitado confirmava o que dissera um dia: Eu sou a ressurreição e a vida.

Que nossos sofrimentos também não nos façam naufragar na tristeza e no desespero; essa continua sendo a preocupação do Mestre para conosco. Temos de contar com sua bondade; somente com ele poderemos ressuscitar de nossos sofrimentos para uma alegria eterna e completa.

UM MESTRE CRUCIFICADO

Tempo de missões numa cidadezinha do interior. Às cinco horas da manhã, quando o sacristão estava abrindo a igreja, apareceu um caboclo do sítio, debaixo de chuva, roupa suja de barro. Ia entrando na capela quando lhe perguntei: "Já?..." e ele me respondeu desabafando: "Padre missionário, é duro ser católico!..."

Em sua simplicidade, e sem saber, aquele homem estava lembrando o que Cristo já nos dissera, séculos atrás: "Se alguém quiser seguir-me, renuncie a si mesmo, tome sua cruz e siga-me" (Mt 16,24). Gente simples, e até ignorante, os ouvintes do Mestre devem ter recebido essa palavra com espanto e admiração, pois era tão bom e tão manso aquele Profeta de Nazaré! Ele não se cansava de falar do perdão, do amor e da misericórdia do Pai; e agora, apresenta para seus seguidores uma condição tão dura e difícil de ser observada!

Se alguém quiser seguir-me. Que tom estranho, de aparente indiferença, em lábios daquele Mestre que já havia dito: "Venham todos a mim, porque sou manso de coração!" E que maneira pouco diplomática de atrair seguidores! Renuncie a si mesmo, e tome sua cruz – era o que aquele povo não poderia compreender, já que, para os judeus, carregar a cruz era coisa para condenados.

O Mestre, porém, que um dia dissera: "Eu sou a Verdade" – não podia enganar seus seguidores, apresentando como fácil o que realmente é difícil. Muitas vezes, a Verdade será olhada como dura e antipática; mas nem por isso poderá fantasiar-se, para não magoar aqueles que a desejariam mais de acordo com o próprio gosto.

Como será possível alguém acompanhar, numa vida cômoda e fácil, Aquele que viveu sempre na cruz da pobreza e do trabalho, das calúnias e até da traição? Meu Mestre é um Crucificado – dizia alguém. E se ele é nosso Mestre, temos de nos revestir de seu espírito, para sabermos conviver com a pobreza e suas renúncias, com o desprezo e suas humilhações. Foi nesse sentido que ele já nos avisou, dizendo que o discípulo não é mais do que o Mestre.

"Tome sua Cruz" – essa é uma condição bastante clara para não nos deixar dúvida. Cristo não nos quis enganar, mostrando-nos um caminho todo florido a percorrer. Não colorindo suas palavras, ele nos colocou diante da verdade. Se o quisermos seguir terá de ser assim, aceitando nossos sofrimentos com humildade, e com amor, para nos elevarmos até Deus. "Ninguém chega ao Pai a não ser por mim" –, disse o Mestre. E esse nosso Mestre... é um Crucificado.

Não desanimemos, porém. Se ele foi sincero, mostrando-nos o caminho do sofrimento, não podemos esquecer que ele foi igualmente sincero quando nos garantiu: "Alegrai-vos, porque será grande a vossa recompensa!" (Mt 5,12).

ENTREGA E LIBERDADE

"Neste mundo – disse o pessimista – a alegria é o que sobra da tristeza." Respondendo, o otimista corrigiu: "Neste mundo a tristeza é o que sobra da alegria". – Os dois têm razão, cada qual sua maneira, pois, como disse alguém, tudo depende dos óculos que usamos.

Se eu olhar para o mundo através de uns óculos escuros, muito embaçados, certamente irei ver a minha frente um mar de rosas, mas uma tremenda confusão de cores, borrões que eu não poderei compreender nem decifrar. Mas se eu usar óculos claros, bem limpos, irei distinguir as coisas e tirar minhas conclusões com equilíbrio e segurança.

Todo indivíduo, neste mundo, poderá ser livre, em Deus, ou será escravo, em si mesmo. Aquele que rouba está entregando-se à ambição; aquele que mata entrega-se ao ódio; aquele que somente procura gozar a vida entrega-se de mãos atadas ao prazer. E essa entrega de si mesmo às próprias paixões é a escravidão que o indivíduo mal percebe, chegando mesmo a pensar que, quanto mais entregue a suas fraquezas, tanto mais livre ele é. Nossas fraquezas têm mais força do que pensamos.

Essa é uma falsa liberdade, pois, na realidade, ela domina o homem, rebaixando-o sempre mais. A única maneira de alguém fugir a essa escravidão é entregar-se a Deus, aceitando, na própria vida, a vontade daquele que é infinita perfeição. E, por ser perfeito, Deus é também a liberdade plena, total. Ele não se prende a nada e não depende de ninguém; é livre, infinitamente livre em sua perfeição.

Apressado, nervoso, ia saindo da igreja o vigário, que parou para dar uma esmola a um mendigo ajoelhado junto à porta. Mas o pobre humildemente se desculpou, dizendo: "Padre, queira dar essa esmola a outro mendigo mais necessitado; eu já tenho bastante". – "Como assim?" – perguntou o vigário. – E o pobre explicou: "Eu vivo muito feliz, conformado com minha pobreza. Eu sou pobre, para que outros possam ser ricos". – O vigário saiu, apressado como estava, mas pensando consigo: Coisa rara! Um pobre feliz. E ele é, por isso, mais rico do que muito milionário, infeliz por não possuir tudo o que deseja ter.

Sim, o mendigo sentia-se feliz porque soube livrar-se da ambição. E essa liberdade era sua riqueza, colocada muito acima da escravidão em que vivem aqueles que ambicionam possuir sempre mais. Em sua pobreza, mas ajoelhado diante daquele que é a riqueza infinita, o mendigo vivia livre de si mesmo, com a liberdade que lhe vinha de Deus. Um pobre livre é, sem dúvida, mais feliz do que um milionário, escravo da própria ambição. E a essa verdadeira liberdade nós iremos chegar, à medida que nos livramos de nós mesmos.

O MANDAMENTO

"Mestre, - perguntou o fariseu – qual é o primeiro e maior dos mandamentos?" – "Amaras a teu Deus com todo o teu coração; e o segundo é semelhante a este: Amarás a teu próximo como a ti mesmo. E nesses dois mandamentos – explicou ainda o Mestre – está contida toda a Lei" (Mt 22,35).

Diante disso, concluímos que a vontade de Deus a nosso respeito está numa única palavra: amar. Que saibamos amar o Pai com todas as nossas forças, e que amemos também a nossos semelhantes como a nós mesmos. Isso é tudo o que devemos fazer neste mundo, pois é tudo o que Deus espera e quer de nós.

No Antigo Testamento, o Salmista já dizia que Deus sabe de que barro nos fez. Como descendentes daqueles primeiros pais que quiseram ser iguais ao Criador, nós também nos deixamos dominar pela vaidade e pelo egoísmo. Daí o que nos parece estranho: Deus, com um mandamento, exigindo que o amemos. Um Pai – e ninguém tão pai como Deus – lembrando a seus filhos a obrigação de amá-lo com todas as forças. E para isso fomos criados! Apenas para amar, encontrando no amor nossa plena realização.

Criados à imagem e semelhança de Deus, dele recebemos certa dose de inteligência, uma vontade livre e uma imensa e misteriosa capacidade de amar. Sendo ele o Amor, esse amor foi derramado em nosso coração (Rm 5,5) para que, com ele, pudéssemos amar ao Pai e a nossos irmãos. Justamente por ter sua origem em Deus, esse nosso amor humano é capaz dos mais sublimes heroísmos. Que não fizeram os Santos para a Glória de Deus e para seus semelhantes? Simplesmente porque eles souberam amar, isto é, souberam alimentar e desenvolver o amor, de acordo com a finalidade que Deus lhe deu.

Amar ao Pai com todas as forças. Seria fácil, já que fomos criados para amar. Acontece, porém, que vivemos sempre dominados por nosso egoísmo; queremos amar, sim, mas a nós mesmos, acima de tudo e de todos, roubando para nós o amor que devemos a Deus.

Diz nosso provérbio: "O amor e a fé nas obras se vê". Portanto o amor terá de aparecer em nossa vida de cada dia. Agradecer a Deus as alegrias, os êxitos e as facilidades que ele nos concede é fácil, é agradável. Temos de ir bem mais longe, não apenas aceitando, mas até agradecendo também as privações, os sofrimentos e sacrifícios. No amor e na gratidão para com Deus é que iremos afogar e aliviar nossa cruz de todos os dias. Nesse amor esteve o segredo de todos os heroísmos a que chegaram os mártires de todos os tempos. Amando também a Deus com todas as forças, nele iremos encontrar aquela força que nos falta, para confiar e vencer sempre.

A ÚLTIMA PROVA

Sendo Deus o amor, todo nós, criaturas suas, somos neste mundo expressões desse amor infinito. E, nesse caso, toda a nossa vida deverá ser uma contínua manifestação de nosso reconhecimento ao Amor que nos tirou do nada, destinando-nos a sua glória eterna.

Mas, se todos os momentos e todas as circunstâncias de nossa existência devem ser dirigidos, como um louvor a Deus, de modo especial deverá ser para ele o final de nossos dias aqui na terra. Ao sairmos deste mundo estaremos voltando para junto daquele que nos criou; e será o início de uma viagem da qual não regressaremos mais. Daí a importância de nossa vida como preparação para nossa viagem de volta ao Pai.

A esse respeito escreveu Santo Agostinho: "Você que tanto faz para não morrer logo, faça tudo para não morrer nunca" – isto é, para garantir sua eternidade com Deus. – "Não sabeis o dia, nem a hora" foi o que nos disse o Mestre. Temos, portanto, que estar atentos e vigilantes, preparando essa última viagem. E como iremos fazer?

Não existe para essa preparação qualquer programa especial. Que saibamos viver com Deus, e para Deus, a vida que ele nos dá; apenas isso. Se o soubermos glorificar com nossas alegrias e tristezas, com nossos trabalhos e sofrimentos, não o iremos glorificar também com nossa morte? Sim; quando nada mais tivermos para lhe oferecer e entregar, nossa morte será a última prova do amor com que o amamos durante nossa vida.

Certa ocasião me disse um senhor, pai de família e muito bem de vida: "Graças a Deus que, um dia, eu poderei morrer. Pobre de mim se tivesse de viver eternamente neste mundo de incertezas, injustiças e sofrimentos!" – Ele era um homem de fé; e sabia que nossa verdadeira vida não é esta, mas a outra que virá depois.

Se a morte há de ser para nós uma última prova neste mundo, que seja também a última prova de nosso amor e reconhecimento ao Pai que nos irá chamar, pondo fim a nosso exílio de sofrimentos, para que o possamos amar em sua glória eterna.

Amar é doar-se; e se nossa vida, com suas lutas e seus sacrifícios, for uma contínua doação de nós mesmos a Deus, que nossa morte seja também uma última prova de nossa doação definitiva nos braços daquele Pai que nos quer receber em sua companhia.

À medida que nos doarmos a Deus durante esta vida, estaremos morrendo para tudo o que não for eterno e definitivo para nós. Continuaremos, sim, amando aqueles que nos rodeiam, e até certo ponto apegados ao ambiente que faz nossa vida aqui na terra; mas sempre naquela esperança de podermos logo amar, com perfeição, a todos e a tudo, em Deus. E preparando assim nossa eternidade, já estaremos antegozando nossa felicidade eterna.

ASSIM COMO SOMOS

De acordo com o poeta, o universo é todo um poema escrito por Deus. Sem dúvida, tudo o que existe nesses milhares de mundos que não conseguimos ver nem enumerar, são frases escritas por Deus nesse poema que é a obra maravilhosa de sua criação. E toda essa grandeza, pairando no espaço, é certamente um hino de louvor à glória e sabedoria daquele que tudo tirou do nada.

Precisamos, no entanto, pensar que todo esse poema é composto de frases, de palavras e de estrofes. Assim, tanto pertencem ao poema da Criação o sol, as estrelas, como uma simples gotinha de orvalho ou uma folha insignificante que se desprende de um ramo. Toda a Criação tem sua origem nas mãos daquele primeiro e único Artista que tudo modelou, de acordo com sua infinita sabedoria, deixando nas flores como nos astros, na luz como na escuridão, algo de sua onipotência divina.

E dentro desse poema não estaremos nós também? Sim, todos nós somos notas que pertencem a essa imensa harmonia da Criação. E entre as maravilhas realizadas por Deus, o Homem é certamente a obra-prima, a maravilha por excelência, pois foi criado à imagem e semelhança de seu Criador, o que não se diz dos outros seres criados.

Mas o Homem tão imperfeito e tão cheio de falhas é imagem de seu Criador? Sim, embora ele nunca chegue a ser uma imagem perfeita, já que a perfeição de Deus é infinita. E a sabedoria divina aparece justamente no fato de haver posto tanta perfeição em seres tão pobres e insignificantes como somos.

Disse alguém que, ao criar os pássaros, Deus tanto se esmerou na beleza do beija-flor, que se esqueceu de fazê-lo cantar. Realmente, o beija-flor não canta, mas nem por isso ele perde em beleza e encanto para as outras aves. Sua leveza, a vida e o brilho de suas cores, a perfeição de suas linhas fazem esquecer que ele é um passarinho mudo. Mesmo assim ele é uma nota nesse concerto da Criação.

Não é somente com uma vida tranquila, ou com uma saúde perfeita, que nós devemos louvar e bendizer Aquele que nos criou. Perto da infinita perfeição nós seremos sempre um simples aglomerado de imperfeições. E é assim, como somos, que o devemos amar e bendizer. Se o devemos louvar pela inteligência, pela vontade, ou pela capacidade de amar que ele nos deu, temos de louvá-lo também com as limitações que nos afligem: falta de dotes, de qualidades, de saúde, enfim, com tudo o que temos e somos. Deus nos ama assim como somos. Que tudo em nossa vida sirva para nos aproximar dele. Se os sofrimentos são um caminho penoso e difícil para Deus, nem por isso deixam de ser o que procuramos: um caminho que realmente nos leva aonde devemos chegar.

UM CIRENEU FELIZ

Seu nome era Simão. Para os judeus um simples estrangeiro, vindo da Cirenaica, antiga província romana no norte da África. De lá, saíra, fixando-se em Jerusalém. Era pai de família e trabalhava em uma chácara, propriedade sua ou de outros, não o sabemos.

Foi em uma sexta-feira. O mestre já estava condenado à morte, e pouco depois do meio-dia, com a cruz às costas, iniciou sua caminhada para o calvário. Mas era extrema sua fraqueza, devido aos insultos e maus-tratos recebidos. O sangue corria-lhe pelo rosto, e ele não podia mais caminhar. Que fazer? Naquele momento vinha voltando o Cireneu de seu trabalho na chácara. Ia para sua casa; mas, por ser estrangeiro, os chefes do cortejo o chamaram para carregar a cruz. Nenhum judeu teria aceito essa ignomínia; mas o Cireneu a aceitou, tomando a cruz sobre os ombros e saindo à frente do Condenado.

Naquela hora decisiva de sua vida, o Mestre não teve quem o ajudasse. Até os apóstolos estavam longe, escondidos. Foi preciso que um estranho, humilde e desconhecido, se prontificasse a fazer aquela caridade que ninguém queria fazer. Era humilhante demais!

Os evangelistas Mateus, Marcos e Lucas narram esse episódio, como desejando tornar público e conhecido o heroísmo desse homem. E não só o heroísmo, como o mérito de alguém que levou em seus ombros a cruz, o altar da Redenção. Mais tarde, conhecendo melhor aquele Criminoso, cuja cruz carregara, o humilde Cireneu gozou de uma alegria, um santo orgulho que ninguém pôde ter; nem mesmo os apóstolos.

Como virtude, a caridade é sempre dura e difícil para nosso egoísmo. Muitas vezes ela se apresenta, exigindo renúncias e sacrifícios que nosso comodismo acha penoso aceitar. Naquele dia, e naquelas circunstâncias, o peso da cruz não era para o Cireneu apenas um sofrimento físico; mais do que isso, era uma humilhação que ninguém queria aceitar; e ele carregou tanto a cruz como a humilhação.

O exemplo de Simão, o Cireneu, ficou no Evangelho, para que todos o meditemos, aprendendo a sofrer e a sentir com nossos semelhantes. Muitas vezes isso nos irá custar, física e moralmente também. Esse é o mérito da caridade: ela nos faz sofrer porque machuca nosso orgulho e magoa nosso comodismo. No entanto, precisamos pensar que, quando levamos nossa cruz, e mais ainda a cruz dos outros, é a cruz de Cristo que estamos levando. É isso o que nos lembra aquele Cireneu, feliz e privilegiado. Que seu exemplo ponha mais caridade em nossa vida, principalmente em nossas horas de sofrimento. Onde houver caridade, aí estará Deus.

SOFRER BEM

Não é tão fácil! Sofrer com amor, com resignação, com humildade... não é simples e tão agradável como certos livros teimam em nos fazer crer. Basta lembrar que todo sofrimento poderá ser recebido e usado de dois modos distintos. A cruz em que morreu o Salvador não tinha o mesmo tamanho daquela em que expirou o chamado mau ladrão?

Sabemos muito bem que, se para uns o sofrimento é um meio de se aproximarem de Deus, para outros é o contrário, porque lhes enfraquece a fé, diminui a confiança, levando-os à revolta e fixando-os naquele orgulho que se sente vítima de uma injustiça. E, o que não raro acontece, pode levar a pessoa que sofre a uma incrível e absurda vaidade. Imaginemos um caso.

A pessoa está de cama, já faz um bom tempo. Doença grave, talvez incurável. É natural que, nessa situação, ela desperte a caridade e compaixão de frequentes visitas, empenhadas em consolar quanto mais a pobre paciente. Que oportunidade, então, para a pessoa envolver-se na ternura das palavras ou na suave mansidão de uma alma vítima, bafejada por um doce perfume de inocência e candura... É quando a caridade das visitas passa a ser interpretada como uma castíssima intervenção daquele anjo consolador do Getsêmani.

Pode acontecer também que, emocionada com o carinho das visitas, a pessoa que sofre acabe usando de sua situação como de uma cátedra, para deitar doutrina, em frases untuosas, em gestos bem estudados e opiniões cuidadosamente escolhidas. Tudo para que, no final de suas aulas, todos se convençam de que ela é realmente uma alma santa, profundamente convencida do que sempre repetiu: "O sofrimento é a alavanca que movimenta o mundo..."

Não negamos que seja isso verdade. Mas é também uma verdade, e bíblica, que a mão esquerda deve ignorar o que faz a mão direita. Em tempos idos o sofrimento era um castigo que Deus descarregava sobre os malvados e perversos. Hoje, a roupagem é outra. O sofrimento passou a ser um carinho de predileção. Reservado por Deus para suas almas eleitas. Em que ficamos, afinal? Numa triste inflação de palavras que nada esclarecem.

Sofrer bem não é poesia nem sentimentalismo. Sofrer sem vaidade e sem revolta, sem queixas e sem frases solenes, e sofrer com amor, com coragem e caridade, são duas maneiras bem distintas de alguém encarar o sofrimento. Capitalizá-lo em favor de nossa vaidade ou de nosso comodismo seria uma profanação. Que o saibamos receber com um santo respeito, para sabermos sofrer bem, sobre a base da humildade e do amor. Então, sim, o sofrimento será uma oferta que fazemos a Deus, com resignação, com amor e até com alegria.

PARA A GLÓRIA DE DEUS

Numa grande catedral em construção, alguém se deteve, observando o trabalho de um operário. Pacientemente, estava ele cortando varas de ferro, enquanto lhe corria o suor pelo rosto. E o visitante lhe perguntou: "Amigo, que está fazendo?" – "Ganhando meu pão" – foi a resposta. Mais adiante a mesma pergunta a um velho marceneiro: "Que está fazendo?" – Com toda a calma, o velho respondeu: "Estou construindo uma catedral para Deus".

Todos nós, neste mundo, vivemos em meio ao trabalho, às lutas e aos sacrifícios de cada dia. Passam os meses, os anos, e o sofrimento sempre a nossa espera, com dolorosas surpresas. E o fim de tudo isso... seria apenas a morte? Se assim fosse, nem valeria a pena viver. Ganhar o pão, recursos, bem-estar, enfim, viver para apenas sobreviver é nada, pois sabemos que, com a morte, tudo acaba. Esta vida somente merece ser vivida se a soubermos viver como uma preparação para a eternidade que nos espera.

Construir uma catedral para Deus. Essa catedral é nossa vida de todos os dias. "Vós sois o templo de Deus" –, escreveu o apóstolo (2Cor 6,16). E que templo! Não é uma construção de pedra e concreto, por mais grandiosa que a imaginemos; é um templo vivo, melhor, é toda a nossa vida de lutas e sofrimentos, na qual glorificamos o Pai com nosso trabalho, com nossas alegrias e, até mesmo, com nossas lágrimas, porque nesse templo tudo pertence à glória infinita de Deus.

Numa catedral, desde as colunas e arcos até a última pedra do alicerce, tudo pertence à construção, e toda a construção está destinada ao culto divino. Assim também em nossa vida. Não pertencem a Deus somente as horas que passamos em oração, mas também o trabalho, as lutas e os sofrimentos, e estes de modo especial, porque se o trabalho, às vezes, chega a ser um alívio e uma distração, o sofrimento nunca deixa de ser o que é. Ele é sempre o que de melhor possuímos para oferecer a Deus, por ser o que mais nos custa.

Muito mais do que representam o ouro, a prata e o mármore nas catedrais deste mundo, nossos sofrimentos irão brilhar diante de Deus como uma riqueza que ele não deixará receber e recompensar. Já estamos sabendo que a construção dessa catedral de nossa vida não será obra de meses e de anos, mas um trabalho de sempre, que só estará terminado quando Deus nos chamar. Até lá temos de viver dedicando à glória do Pai tudo o que faz o conjunto de nossa vida: trabalho, dificuldades e, principalmente, os sofrimentos de cada dia. É isso o melhor que temos para oferecer a Deus, pelo muito que ele já nos deu e ainda nos irá dar. Agradeçamos, sim, à divina misericórdia que nos ajuda a sofrer com resignação, com generosidade e com amor.

POR QUÊ?

Às vezes, é um simples gemido; outras vezes é angústia e desalento. Mas há também dias e horas em que essa pergunta soa com um tom de revolta; é alguém que se julga no direito de pedir explicações ou até de alguém que espera lhe peçam desculpas por este ou aquele sofrimento. Por que este acidente, esta doença? Que fiz para sofrer tanto?

Pergunta inútil. Ninguém no-la irá responder. Só Deus poderia dizer alguma coisa. Mas sua resposta é sempre seu silêncio, porque, quando nos permite o sofrimento, ele não está esperando por nossas perguntas; o que ele quer e espera é nossa humilde submissão a seus planos.

Após quase três horas de agonia na cruz, Cristo sentiu-se abandonado até mesmo pelo Pai. E ele também perguntou: "Pai, por que me abandonastes?" – Nessa sua palavra nada havia de revolta ou falta de conformidade. Era apenas o gemido angustiado de um Homem agonizante, do qual a Justiça divina estava exigindo tudo. Tinha, pois, de sofrer até aquele abandono que jamais alguém sofreu.

Sim; é humano. Quem sofre quer traduzir o próprio sofrimento em gestos e palavras que serão, geralmente, um pedido de compaixão. Que não sejam, porém, o resultado de uma revolta interior que nada resolve, porque o sofrimento nunca fez caso dessas revoltas. Ele somente se abranda com a paciência, com a submissão e conformidade. Além disso, seres humanos como somos, dotados de inteligência, e mais ainda, apoiados na fé, devemos saber por que sofremos.

Em vez desse "por quê?" marcado pela impaciência e pela revolta, seria bem melhor se fizéssemos outras perguntas: Por que me revolto? Por que não me conformo? Não haverá outros no mundo, sofrendo mais do que eu? Todo sofrimento tem sua razão de ser nessa parte que temos na culpa de todo o mundo perante a Justiça eterna. Por isso ninguém esta dispensado de sofrer. Nesse ponto não houve, nem há privilegiados que possam ficar fora da lei universal. Seria eu o primeiro? É o que eu quero, quando reclamo, e não aceito a parte que me toca na reparação que Deus está exigindo de todo o mundo.

Preciso pensar que não sou melhor que os outros. Quando sofro haverá certamente outros que estão sofrendo mais, sem recursos, esquecidos e até desprezados. Entre eles não haverá quem esteja sofrendo por mim, para que eu sofra menos? E haverá também aqueles que não querem, nem sabem sofrer. Entre eles talvez esteja eu também. Por que não?

Tenho de saber sofrer, por mim e por aqueles que se revoltam, não aceitando o sofrimento. São esses os que sofrem mais. À medida que eu me interessar por eles, Deus irá interessar-se por mim, dando-me a paciência e coragem de que preciso para sofrer menos.

FELIZES OS QUE CHORAM

Será possível? Somos tão avessos ao sofrimento! E, diante dele, o que geralmente experimentamos não é um simples medo, mas verdadeiro pavor. No entanto aí está a palavra do Mestre que um dia nos ensinou: "Felizes os que choram, porque eles serão consolados".

E quem não sofre, quem não chora neste mundo? Todos, sem exceção, devemos pagar esse tributo à vida. Mas se todas as lágrimas são brancas, nem por isso elas são todas iguais. Há lágrimas provocadas pela alegria, como há também aquelas que nascem do ódio ou mesmo da revolta. E não foram essas as lágrimas que o Cristo beatificou. Ele se refere aos que choram, feridos por alguma dor ou algum sofrimento. Esses têm a promessa do conforto que lhes poderá vir da resignação e do amor com que souberam sofrer.

Por ser humano, Cristo não foi uma exceção diante do sofrimento; pelo contrário, ninguém sofreu tanto e ninguém jamais soube sofrer como ele. Seu coração sabia sentir e seus olhos também souberam chorar. Se numa ocasião ele sentiu o sofrimento daqueles milhares de pobres e famintos que o acompanhavam (Mc 8,2), em duas ocasiões sabemos que ele também chorou, de dor e compaixão.

Ele ia indo para Jerusalém. E, avistando a cidade do alto de uma colina, parou e pôs-se a contemplar a capital dos judeus, com toda a sua riqueza e todo o seu esplendor. Foi quando seus olhos não resistiram às lágrimas e começou a chorar, prevendo a destruição da cidade alguns anos mais tarde. – "Jerusalém" – disse ele, chorando – "se soubesses o que te espera!" – É que ele amava realmente seu povo, e não podia deixar de sentir com ele todo o sofrimento que iria cair sobre aquela cidade, orgulho dos judeus.

Em outra ocasião, estava ele longe de Betânia, onde moravam Lázaro e suas irmãs Marta e Maria. Um mensageiro foi a sua procura, com este recado: "Lázaro, seu amigo, está passando muito mal". O Mestre foi para Betânia, mas quando chegou Lázaro já tinha sido sepultado. Jesus chorou, diz o evangelista, e foi até o túmulo, para ressuscitar o amigo que tanto prezava (Jo 11,35).

Vendo esse Mestre que sofreu e chorou como todos nós, temos certeza de que ele também provou da amargura de nossas lágrimas e por isso é alguém que sabe sofrer e sentir conosco. Quem, melhor do que ele, para nos confortar, ensinando-nos a sofrer com sua conformidade e com seu amor ao mundo? Quem, melhor do que ele, para nos compreender e revelar nossas impaciências e fraquezas diante do sofrimento?

Felizes os que choram, sim, a exemplo do Cristo, que tudo soube aceitar para reparar a culpa do mundo. Nessa culpa de todos, cada um de nós tem sua parte. Não podemos recusar à Justiça eterna o que lhe devemos, por nós e pelos outros. Essa reparação nos dará, um dia, o consolo de uma alegria eterna.

AMOR À CRUZ?

Diz São Paulo, numa de suas cartas, que, enquanto vai desfalecendo nosso homem exterior, mais vida e perfeição vai ganhando nosso homem interior. Essa é uma afirmação que precisa ser bem compreendida, caso contrário serão inevitáveis certos exageros.

Do que disse o Apóstolo não podemos simplesmente concluir que, quanto mais alguém sofre ou martiriza seu corpo, tanto mais perfeito se torna, pois não é o sofrimento em si que nos aperfeiçoa, mas o amor com que soubermos sofrer. Por isso nossa preocupação não deve ser a simples busca do sofrimento, pelo gosto, talvez doentio, de sofrer, mas a busca de Deus que usa de nossas dificuldades e aflições, como de um meio para nos atrair e ganhar.

Quando procuro a cruz, quero encontrar o Crucificado –, escreveu alguém. E isso nos faz pensar no exagero de uma piedade mais antiga, que enalteceu e quis amar em demasia os sofrimentos. Foi assim que muitas almas piedosas se enganaram; idolatrando a cruz, pensavam estar adorando o Deus-Homem nela crucificado. A cruz, sem o Cristo, é um simples instrumento de suplício; e o sofrimento, sem Deus, é um castigo.

Enquanto vai desfalecendo nosso homem exterior. Isso acontece com o passar dos anos; a saúde, as forças, o entusiasmo vão cedendo seu lugar às enfermidades, ao cansaço e, até mesmo, a certo desânimo. Aos poucos, tudo vai morrendo em nós, porque nós também morremos em tudo o que compõe nossa vida. Em cada situação, em cada acontecimento, algo de nós vai ficando para trás, cada vez mais longe, fora de nosso alcance.

À medida que exteriormente vamos desaparecendo nas sombras do que era e do que foi, temos de ir crescendo interiormente, avançando sempre mais na direção daquilo que não passa, porque é eterno. E o eterno para nós é Deus. Vendo como tudo vai desaparecendo a nosso redor, divisamos com mais clareza nosso destino eterno.

Portanto não nos preocupemos tanto com a morte de nosso homem exterior; nem precisamos correr atrás dos sofrimentos, porque eles já estão correndo atrás de nós desde que nascemos. O que temos a fazer, sim, é aceitar o sofrimento como um recurso para alcançarmos a posse de Deus. Aceitamos, assim, a cruz, não por ser ela o que é, mas porque nela podemos encontrar o Crucificado.

Queremos, e até amamos o sofrimento, como um bem, já que ele nos purifica e eleva, aproximando-nos mais daquela felicidade completa e infinita que é Deus. Somente nesse sentido podemos desejar que desapareça nosso homem exterior: para que, em seu lugar, apareça um outro, mais digno daquele que nos criou. Querer o sofrimento pelo simples gosto de sofrer não é virtude; é doença, nada mais.

TRÊS IDADES

Disse alguém que a mocidade é toda uma sinfonia de esperanças. E, se a esperança é vida, é na mocidade que a vida irrompe em toda a sua pujança, vestindo as cores de uma aurora que canta no gorjeio dos pássaros, no perfume e na fragrância das flores. Todo esse cenário de luzes e de cores empolga a mocidade que olha a vida com aquele otimismo que vai despertar saudades em todos os que já viveram esses anos de beleza e poesia.

Mas é justamente esse cenário de encantamento que pode levar o jovem ao perigo dos sonhos e das ilusões. O excesso de luz e de cores chega a lhe ofuscar a vista, não permitindo que ele veja o mundo com a necessária clareza.

Dos trinta anos em diante começamos a viver essa idade madura, que já não é mais a aurora, mas o meio-dia da vida. Desfeitas as ilusões, conhecidas as falhas e qualidades frente aos primeiros tropeços, esse meio-dia nos leva a uma pausa. Mas essa pausa é breve, porque a vida tem pressa. E essa pressa nos coloca numa encruzilhada: continuar como antes ou mudar de rumo?

E chega a velhice, o entardecer da vida. Toda a nossa natureza vai se aquietando, em busca do descanso. Mas esse descanso não chega de repente; ele vem aos poucos, à medida que os dias vão passando, até que descansamos no último dia. É o anoitecer; anunciando uma nova aurora? Para a fé, sim.

Todas as idades estão marcadas com uma única preocupação: e depois? Essa a pergunta que nos persegue sempre. E depois que passarem os anos da mocidade, os anos maduros, a velhice, o anoitecer? O mundo em que vivemos não nos pode responder. Somente a fé tem a resposta para a interrogação feita com medo, incerteza e angústia.

Eu sou o caminho, a verdade, a vida – assim falou o Cristo. Apoiados nessa palavra é que iremos viver esta vida terrena, com a necessária coragem para pensarmos na outra vida que ainda desconhecemos. Somente o Mestre, com sua palavra e com seu exemplo, é luz para que o homem não se perca entre os sonhos e as ilusões da mocidade. Somente ele é a verdade, para que ninguém se deixe enganar, quando tiver de decidir, quando estiver na encruzilhada do meio-dia. E somente sua coragem, aceitando a morte, poderá fazer com que nós também a aceitemos, como um passo final e definitivo para a vida futura.

Para aqueles que veem chegar as sombras do anoitecer, sua palavra continua sendo, mais do que um consolo, uma força cheia de esperança: "Eu sou a vida!" Ele passou pela morte, mas também ressuscitou, para que a noite final que nos aguarda passe também e desabroche nas alegrias daquela aurora pascal de uma ressurreição eterna.

ORAÇÃO

"Cheios de compaixão, Senhor, teus olhos contemplaram, um dia, milhares de doentes, de pobres e famintos que te acompanhavam, numa região deserta e sem recursos. O mais urgente naquela situação era dar a todos algum alimento; mas... para mais de cinco mil pessoas, era impossível. Tua misericórdia, porém, achou a solução, multiplicando alguns pães e alguns peixes com os quais todos se fartaram" (Mt 14,13).

"Tenho pena deste povo!" –, disseste naquela ocasião. E eu bem sei que, por teres falado assim, tiveste de pagar caro; algum tempo depois foste acabar como um criminoso, cravado numa cruz. Mas tenho certeza de que nem por isso tua misericórdia arrependeu-se do milagre realizado em favor daquela multidão.

Hoje, Senhor, os milhares de doentes, de pobres e sofredores de toda sorte estão ainda em tua presença, à espera de uma palavra de conforto ou de um gesto de misericórdia. E entre eles estou eu. Não sei se sou o mais pobre nem o mais infeliz; o que sei é que não sou o menos necessitado, pois reconheço que minha miséria é muito grande. Sou um pobre doente do corpo, e, o que é pior, da alma também.

Meu corpo é um peso que devo arrastar todos os dias, da manhã até a noite. Hoje isto, amanhã aquilo, ele nunca está bem; suas queixas são muitas e contínuas, com aborrecimentos que me enervam e preocupam; tirando-me a paz e a tranquilidade que tanto desejo. Mas isso não é o pior. Se eu tivesse um pouco de paciência, poderia suportar tudo com mais facilidade, e até com certo otimismo. Com um pouco de compreensão eu poderia aceitar os outros com suas limitações e seus defeitos, podendo também aceitar-me a mim mesmo, assim como sou: humano, imperfeito, sempre necessitado de tua força, de tua coragem e de teu perdão. Tivesse eu um pouco mais de fé, e teria mais confiança, para não me ver tão só, tão abandonado, entregue ao azedume de meu pessimismo. Fosse eu mais conformado, poderia enfrentar os sofrimentos com mais calma e segurança, pois tua misericórdia não abandona ninguém. E fosse eu um pouco menos egoísta, certamente iria pensar menos em mim, para me preocupar com aqueles meus irmãos que estão sofrendo mais do que eu.

"Tenho pena deste povo!" – Essa tua palavra, Senhor, veio mostrar-me que teu coração sabe aquilo que nós não sabemos: sentir e chorar com aqueles que sofrem. Nós não sabemos sofrer sequer conosco; e, com os outros, muito menos. Doentes do corpo e doentes da alma por um egoísmo incurável, essa é nossa situação.

Foi tua palavra que me trouxe tua presença, certo de que teu coração também sofre comigo. Não vim reclamar do peso de minha cruz, porque a tua foi bem mais pesada. Diante de ti, agora, só venho pedir que tua misericórdia tenha pena de mim também.

COM OS OLHOS DA FÉ

Eu já esperava. O telefone chamou. E alguém, entre soluços, disse-me apenas: "Mamãe morreu". – Fiquei pensando: que termo esse: morreu! Ingrato, incompleto e até infeliz. Não seria melhor dizer: viajou?

A falta de fé, através dos tempos, encarregou-se de pintar a morte com as cores mais trágicas, com a fisionomia mais lúgubre, na tela mais dura e cruel que pôde encontrar. E, por fim, rematou tudo com a clássica inscrição sobre os túmulos: Aqui jaz fulano de tal. Uma última mentira, para enganar os que ficaram.

É certo que, para todos, a morte é e será sempre uma terrível realidade. Com cada parente, amigo ou conhecido que morrer, nós também morremos um pouco. É sempre uma presença que se ausenta, uma amizade que se esvai, enfim, é algo de nós que desaparece. E a própria lembrança que nos deixam é sem vida, sem cor, sempre mais apagada e longínqua. Ai de nós, então, se não procurarmos na fé aquele apoio que não nos deixe naufragar no pessimismo, na revolta e no desespero!

"Por que todo este alvoroço e estas lágrimas? – perguntou o Mestre ao entrar na casa de Jairo, cuja filha de doze anos havia falecido momentos antes. – Ela não morreu – explicou ele – apenas está dormindo." – E muitos zombaram dele, pois a menina realmente estava morta. Mas que era a morte para ele? Um sono. Por isso despertou a criança, devolvendo-lhe a vida (Mc 5,38).

"Quem crê em mim – disse Jesus em outra ocasião – terá a vida eterna." É, portanto, pela fé que nós começamos, já neste mundo, a viver aquela vida eterna e definitiva que esperamos. Por isso encaramos a morte não como o fim de tudo, mas como o início de nossa ressurreição; enquanto morremos neste mundo, estamos começando a viver no pleno sentido da palavra. Nós nos dizemos vivos, e chamamos de mortos àqueles que já se foram. Não será o contrário? Sim. Aqueles que dizemos mortos já estão vivendo uma vida eterna; e nós ainda estamos por nascer para essa vida futura.

E em que irá consistir essa vida eterna? Simplesmente na posse de Deus, no qual iremos conhecer a Beleza infinita e amar o Amor perfeitíssimo. Beleza e Amor que jamais poderão ser esgotados pela admiração eterna dos eleitos. Nossa vida será uma eternidade – em Deus.

Aqueles que partiram, marcados com o sinal da fé. Já não os iremos encontrar naquele quarto ou naquela sala onde conversavam conosco. Já não os iremos ver nas fotografias que nos deixaram. A casa, os objetos de uso, tudo o que deles aqui ficou irá despertar em nós apenas uma saudade. Somente com os olhos da fé nós os poderemos ver, no seio da infinita misericórdia de Deus que os criou para uma vida eterna, em sua companhia. Será inútil procurá-los neste mundo; eles já partiram. E onde estarão? Simplesmente em Deus. Nele é que os iremos encontrar.

NÃO BASTA ACEITAR

Poeta e músico, Santo Afonso compôs um hino à vontade de Deus, no qual ele exclama: "Ó vontade de meu Deus, como és digna de amor!" – Quando ele assim cantou, estava vivendo dias amargos de intenso sofrimento.

Os santos não foram, neste mundo, aqueles que fizeram milagres, que anunciaram o futuro ou tiveram revelações; eles foram simplesmente almas que se dedicaram, com firmeza e perseverança, a imitar a perfeição que aparece na vida de Cristo. A santidade cristã é apenas isto: a imitação, em grau extraordinário, das virtudes daquele que era a perfeição de Deus entre nós.

A vida do Salvador, bem o sabemos, foi feita de trabalhos, de privações, enfim, foi uma vida toda de sofrimentos. E a vida dos santos? Também. Nenhum deles viveu uma vida de conforto, de regalias e comodidades. Mas todos eles compreenderam que apenas aceitar o sofrimento não era suficiente para uma perfeita imitação do Mestre; algo mais tinha de ser feito.

Cristo não amou o sofrimento pelo simples gosto de sofrer. E nem salvou o mundo pelo sofrimento, mas com seu amor à vontade do Pai. Deus decretara salvar o mundo; esta era sua vontade. E a salvação tinha de ser realizada com a palavra, com o exemplo, e com os sofrimentos do Salvador. Foi, portanto, para fazer a vontade do Pai, em amorosa obediência aos desígnios de Deus, que Cristo viveu sua vida oculta em Nazaré, sua vida pública, sua morte na cruz. Em tudo, e sempre, não a própria vontade, o próprio gosto, mas a vontade do Pai, que tanto quis a humilhação do Calvário como a glorificação do Tabor.

Todo sofrimento é para nós um envelope fechado. Sabendo que ele nos vem de Deus, nós o recebemos e aceitamos. Mas isso não basta. Temos de abri-lo! E, dentro, iremos encontrar a vontade de Deus, dizendo que, neste determinado momento, nesta situação em que estamos vivendo, ele quer nossa cooperação com Cristo para a salvação do mundo. Que cooperação? As circunstâncias já o estão dizendo: nosso sofrimento.

Em outras situações essa cooperação poderá ser outra: um trabalho, uma obra de caridade, uma renúncia, ou semelhantes. Mas, quando sofremos, Deus não nos pede isto ou aquilo que gostaríamos de lhe oferecer; ele quer o que sabe ser melhor para nós, isto é, que soframos. Ó vontade de meu Deus, como és digna de amor!

Deixemos que venham os envelopes, dizendo que Deus quer de nós este trabalho, este sacrifício, enfim, o que ele decidiu. Se ele nos dá a cruz, ele também reforça nossos ombros. "Bendito seja Deus, que nos ajuda a querer o que ele quer!" – assim rezou uma senhora, longe de sua filha única e junto à cabeceira do marido que acabava de expirar.

PELA SALVAÇÃO DO MUNDO

A Igreja sempre soube que ela é, na expressão de seu Fundador e Mestre, um pequeno rebanho. É o conjunto organizado de uns poucos, colocados no mundo para a salvação de muitos, isto é, de todos. Se fora desse rebanho há outras ovelhas, a Igreja sabe que sua missão é fazer com que todas se reúnam, a fim de que haja um só rebanho e um só Pastor.

Assim como Cristo não sofreu apenas para seu pequeno rebanho, assim também nós, seus seguidores e membros de sua Igreja, não podemos pensar somente em nossos irmãos na fé. Há outros que esperam por nós, já que toda a humanidade é um imenso projeto de Igreja, inconsciente e disperso, definindo-se aos poucos, à custa de trabalho, de esforço e sacrifício.

Nosso sofrimento tem sua dimensão social, que pouco meditamos. Ele não é apenas uma forma ou prática de expiação de nossas culpas; e não é somente uma possibilidade de alguém se unir, pessoal e individualmente, aos sofrimentos de Cristo. Há um outro aspecto a ser considerado, uma luz intensa e maravilhosa iluminando o sofrimento humano, numa dimensão diferente. É quando o vemos como um ponto de encontro, no qual todos nos reunimos, e nos reconhecemos como irmãos, sujeitos à mesma lei de um sofrimento universal, que não conhece privilégios nem exceções.

Ao contrário da euforia que faz o homem expandir-se, o sofrimento reprime e fecha o indivíduo em si mesmo, estabelecendo distância entre aquele que sofre e aqueles que o assistem. Geralmente, quando sofre, o homem não quer pensar nem preocupar-se com ninguém; abre os olhos somente para si mesmo, para a própria situação. Mas, apoiado na fé, ele se vê diante de horizontes bem mais vastos, iluminados pela figura daquele que sofreu por toda a humanidade.

Somente Cristo pôde fazer do sofrimento um elemento aglutinante, estranho, sim, mas de uma força realmente maravilhosa. Porque ele nos remiu, ele também nos transformou e, com isso, remiu e transformou a morte, o sofrimento, o abandono, porque tudo isso ele conheceu de perto e muito mais do que nós. Justos e pecadores poderão assim encontrar-se nos sofrimentos de Cristo como irmãos, remidos pelo sangue que correu por todos, sem qualquer distinção.

Desde que Cristo morreu, o sofrimento e a morte, consequências que são do pecado, passaram a ser um meio para que os justos se solidarizem com os pecadores, assumindo suas culpas, para as destruir e expiar. Como a cruz de Cristo, a cruz de seus seguidores poderá aceitar todas as culpas e misérias do mundo. Se a cruz do Calvário abriu seus braços sobre todo o mundo, acolhendo justos e pecadores, nossa cruz de cada dia deverá fazer o mesmo.

SOFRER TAMBÉM É AMAR

Numa de suas cartas, Santa Teresa de Lisieux deixou-nos esta frase: "Finalmente, neste ano, cheguei a compreender o que é o amor". – Era esse o ano de sua morte, 1897. Dedicada antes "a amar principalmente a Deus", no final da vida ela compreendeu que o amor devia ir mais longe.

Cristo foi bastante claro ao criar, para um fariseu, o primeiro e mais importante dos mandamentos. Lembrou que não devemos amar exclusivamente a Deus, mas a nossos semelhantes também. E, conforme o apóstolo, aquele que diz amar a Deus, não amando a seus irmãos, não passa de um mentiroso (1Jo 4,20). O amor é um só, indivisível; ou amamos a Deus e a nossos semelhantes, ou simplesmente não amamos.

Não há por que fazer diferença. Se quisermos falar de dois amores, veremos que ambos são perfeitamente compatíveis, paralelos e, ao mesmo tempo, convergentes. Paralelos porque avançam e progridem juntos; e convergentes porque, em certo ponto que não podemos determinar, ambos se encontram e se fundem num único amor.

Amar a Deus e amar suas criaturas. Houve cristãos, almas piedosas, que morreram sem saber o que isso significa. E que, em tempos passados, a tendência de certos mestres era destacar sempre mais o amor a Deus, deixando no esquecimento o amor ao próximo; como se esse amor prejudicasse ou diminuísse o amor a Deus. Um temor talvez bem intencionado, mas sem qualquer fundamento.

Como reação a essa tendência, aparecem hoje aqueles que vivem defendendo o exagero contrário. Segundo esses novos mestres, tão ignorantes como os antigos, Deus não precisa de nosso amor; nossos semelhantes sim. Amar, bendizer a Deus, por quê? No lugar de Deus colocaram o irmão que sofre e chora, porque não tem o que comer e o que vestir.

Em que ficamos? Que ninguém atire a primeira pedra sobre estes ou aqueles, já que ninguém poderá medir com exatidão a influência de um erro sobre o outro. O certo é que os exageros nunca foram virtudes. O mandamento não nos fala de adorar a Deus, nem de idolatrar nossos semelhantes. O que devemos é amar a Deus em si mesmo e em toda a obra da criação, principalmente no Homem, sua imagem e semelhança; mas amar também o Homem em sua grandeza de criatura e filho de Deus. Trata-se apenas de amar e de amar em Deus, pois qualquer amor que dele não venha, ou que a ele não se dirija, deixa de ser amor.

Não nos preocupemos com o que os mestres ensinaram ou deixaram de ensinar. Bendigamos simplesmente a Deus em nossos sofrimentos. Aceitemos sua vontade por aqueles que a recusam, por aqueles que não sabem ou não querem sofrer. Se soubermos sofrer com Deus, estaremos amando, e muito, a nossos semelhantes.

DEUS VÊ

No alto de uma das torres da catedral de Colônia, na Alemanha, um grupo de turistas, admirando aquela grandiosa construção. A um canto, castigado pelo sol, um velho operário trabalhava uma pedra, cortando, polindo, com toda a paciência. Foi quando um dos visitantes lhe perguntou: "Por que tanto trabalho e cuidado para preparar essa pedra que, lá de baixo, ninguém vai ver?" – "Sim, lá de baixo ninguém vai ver; mas lá de cima Deus vê...", foi a resposta.

Esse é nosso consolo e também nossa garantia: os olhos do Pai acompanham nossa vida e nada perdem, nada esquecem, para que, um dia, possamos ser recompensados de todo o bem que fizermos neste mundo. Não ficará sem recompensa – disse o Mestre – um copo d'água que dermos em seu nome. Nada é grande, nada é pequeno aos olhos de Deus, porque ele olha apenas para o amor que pusermos em tudo o que faz o conjunto de nossa vida.

Muitas vezes, o que um indivíduo sofre, física ou moralmente, só ele sabe. Há, é certo, aqueles que, em qualquer situação difícil, logo se abrem, manifestando, até com exageros, o que estão sofrendo. Mas há também aqueles que se fecham; por mais que sofram, nada revelam, por temperamento, ou mesmo porque não encontram quem saiba sofrer e sentir com eles.

Que tenhamos ou não com quem dividir nossos sofrimentos, isso pouco importa. Não nos preocupemos tanto com alívio que a caridade de outros nos poderia proporcionar. O sofrimento é algo de tão sublime e tão santo que, quanto menos exposto ao perigo da vaidade, tanto melhor. Não é para que outros elogiem nossa paciência ou coragem e nem é de outros que devemos esperar a força que o sofrimento exige de nós. Em tudo, e sempre, temos de contar é com Deus.

Por meio do amor com que soubermos sofrer, todo sofrimento será transformado num bem, para nós e para nossos semelhantes. E Cristo, que tanto sofreu, já nos avisou que na prática do bem não podemos visar a admiração e o reconhecimento dos outros. Não importa, que eles desconheçam o quanto sofremos, ou bem que procuramos fazer, sofrendo. Isso a Deus pertence; e o Pai, que tudo vê, tudo irá reconhecer um dia.

Às vezes, é uma doença que nos retém num hospital ou em casa, impedindo nosso trabalho de cada dia; ou será uma situação desagradável, um desentendimento, uma ofensa; ou poderá ser também certo temor dos últimos anos, que vão chegando com ares de crepúsculo, anunciando o anoitecer... em tudo haverá sempre um espinho para nos picar. Bendito seja Deus que tudo permite para nosso bem. Somos uma pedra que o sofrimento deve trabalhar e polir, para a glória de Deus. Presente no amor com que soubermos sofrer, Deus tudo vê e tudo recebe em sua infinita misericórdia. E isso nos basta.

A RIQUEZA DE MEU DEUS

Sim, ela está em toda a minha vida. Deus é amor, infinitamente feliz em si mesmo; no entanto ele quer meu amor, minha confiança e até minha companhia. Isso a todo instante, mas, de modo especial, quando o sofrimento me oprime e me fecha, isolando-me de tudo e de todos. Nas horas tristes e amargas, mais do que nunca, devo amar e confiar, certo de que não é Deus quem está precisando de mim; sou eu quem estou precisando dessa riqueza, que é a presença de meu Pai.

Foi ele quem me deu o amor e me ensinou a amar. Em seu infinito, ele chegou a ponto de se fazer Homem, para viver neste mundo. E que vida a sua: de trabalhos e sofrimentos, de pobreza e humilhações! Tudo para que eu também soubesse viver minha vida, como expressão de meu amor ao Pai e a meus irmãos. Esse é o valor de minha vida: ser uma doação minha à glória de meu Deus.

E, vivendo neste mundo, o Homem-Deus aceitou todos os sofrimentos que a vida lhe impôs, aceitando até a morte numa cruz. Lembrando-me dele posso eu também aceitar a cruz de minha vida, pois o discípulo não é mais do que o Mestre. Que são os sofrimentos diante de minhas culpas e da culpa de todo o mundo? Deus poderia exigir muito mais de mim; se ele não o faz é porque, apesar de todas as minhas culpas, ele ainda me ama com seu amor infinito.

Só em Deus posso encontrar aquela força de que preciso para que o sofrimento não me leve ao desânimo e à falta de confiança. Mas essa força não poderá ser minha apenas; dela estão precisando muitos outros, ou porque não querem ou porque não sabem sofrer. Tenho de repartir com eles a compreensão e a coragem que Deus me dá. Como? Sofrendo por eles. Terei forças para tanto? Sim; basta que eu confie e me apegue sempre mais Àquele que sofreu e morreu, para que essa força nunca me faltasse.

Só Deus é a paz e só Deus é a alegria que me faltam nas horas de luto, de dor ou de abandono. Agradecidos e felizes, os mártires não cantaram de alegria à hora do martírio? É assim que eu também devo viver minhas horas ou meus anos de sofrimento. Tenho de agradecer a Deus que me escolheu para sofrer por seu amor e por amor a meus irmãos. Feliz por essa escolha, irei bendizer ao Pai por todos aqueles que veem no sofrimento um motivo de revolta e desespero.

Deus me basta, porque ele é para mim uma riqueza infinita. Mas eu não posso aproveitar dessa riqueza com egoísmo; ela pertence também a meus irmãos, principalmente àqueles que ainda não a conhecem. E essa riqueza está em meus sofrimentos. Sofrendo por todos, estarei repartindo com meus irmãos a fé, a confiança e o amor que eu tenho a meu Deus.

APRENDENDO A VIVER

A um sacerdote, de intensa atividade em obras de apostolado, alguém perguntou: "Como pode o senhor viver esta vida?" – "Pensando na morte" –, respondeu ele. E essa resposta lembra-nos o conselho do apóstolo: Enquanto temos tempo, façamos o bem a todos (Gl 6,10).

Há muitos que veem no pensamento da morte um motivo de desânimo e pessimismo. Para eles, pensar na morte é o mesmo que estragar a vida, amargando ou até diminuindo os dias de nossa existência. Puro engano. Se nós, que nos dizemos os vivos, fechamos os olhos àqueles que dizemos mortos, estes, por sua vez, abrem nossos olhos para compreendermos melhor o sentido desta nossa vida. É com a morte que aprendemos a viver, aproveitando ao máximo o tempo que agora Deus nos dá.

Aos apóstolos o Mestre falou muitas vezes da morte que o esperava, deixando-nos entender que essa era para ele uma preocupação contínua. – "E como desejo ver chegar essa hora!" –, disse ele em certa ocasião. Mas nem por isso desistiu da missão que tinha a desempenhar neste mundo e nem morreu antes da hora. Por que puderam os santos realizar tanto para a glória de Deus e para o bem de seus semelhantes? Eram almas que não temiam pensar na morte; e justamente por isso não desprezaram esta vida, procurando vivê-la sempre mais digna e intensamente.

Longe de ser um motivo de desânimo, o pensamento da morte será para nós um estímulo e até mesmo uma advertência, para que não desperdicemos a vida que Deus nos dá. Não é a morte que mata nossa vida. Esta somente será uma vida morta se a não soubermos viver como preparação para nossa vida eterna. Lembrando-nos a eternidade que nos espera, o pensamento da morte nos fará viver mais intensamente para Deus e para nossos semelhantes. E isso é o que tem valor para nossa eternidade; o mais ficará por aqui mesmo, como simples ilusão.

Prepararmo-nos, portanto, para a morte, outra coisa não é senão prepararmo-nos para a vida, isto é, para a vida eterna que desejamos. E como essa vida eterna depende de nossa vida aqui na terra, tanto maior será então nosso empenho para a vivermos de acordo com sua única finalidade, isto é: para Deus e para nossos semelhantes. Vivê-la para nós mesmos seria o mesmo que matar nossa existência. Somente vivemos à medida que colocamos nossa vida na direção da eternidade. E isto é o que nos lembra a morte.

Sabendo que, um dia, teremos de morrer, aprendamos a viver: sem pessimismo, sem tristeza, mas com a alegria de quem já está olhando para sua felicidade eterna. E, com essa alegria, nossa gratidão para com Deus, por nos ter dado esta vida, com a qual podemos conquistar a outra.

ORAÇÃO

Alegrar-me com os que se alegram e chorar com aqueles que choram. Senhor, é este o conselho que teu apóstolo me dá numa de suas cartas (Rm 12,15). Realmente um conselho muito sábio, uma norma completa a ser observada no trato com meus semelhantes, pois, se entre eles há os que vivem sofrendo, há também os que têm suas alegrias, em horas ou até em épocas que eles vivem na maior felicidade. Sei, portanto, como proceder num caso como em outro.

Mas acontece, Senhor, que, embora eu saiba como agir, nem sempre eu me resolvo a agir de acordo com o apóstolo. É esse meu problema. Tu sabes que, entre as alegrias e os sofrimentos, minha natureza não duvida: escolhe sempre as primeiras e de sofrer não quer ouvir falar sequer. A Segunda parte do programa que o Apóstolo me propõe é certamente mais difícil que a primeira. Daí que eu não me resolva a praticá-la sempre.

Alegrar-me com os que se alegram – é muito lindo. E muito fácil também. Participar de um passeio, de um jantar, de uma festa de casamento ou aniversário não deixa de ser muito interessante e agradável. É que, ao participar da alegria dos outros, essa alegria entra em minha vida, igual um perfume que tudo penetra e embalsama. A alegria que eu dou, Senhor, talvez não seja tão grande; muito maior é a alegria que eu recebo, e isso, bem o sabes, é um raro prazer para meu egoísmo. Por isso não é difícil alegrar-me com aqueles que se alegram.

Mas como é duro e desagradável sofrer com os que sofrem partilhando de suas lágrimas e aflições! Tua sabedoria, Senhor, conhece bem minha natureza; e meu consolo, no caso, é pensar que tua misericórdia também a conhece. Ainda bem. É com essa tua compreensão que eu conto, na dificuldade que tenho para sofrer com os outros. Meu egoísmo quer, sim, que os outros participem de seus sofrimentos; mas sentir e chorar com os que sofrem, confesso que isso não me atrai muito.

Interessar-me pelos pobres, ir a sua procura, estender minha mão ao encontro daquela outra que me pede uma esmola qualquer... visitar os doentes sem recursos, para os socorrer, ao menos com uma palavra de consolo e de esperança... chorar com os que choram, nesta vida horrível que a ambição e injustiça do mundo lhes impõe... como é difícil, Senhor! Como custa para meu comodismo!

Todos os dias chegam a meus ouvidos lindas palavras de ternura e compaixão para com as vítimas da pobreza, das doenças e injustiças. Acontece, porém, que meus olhos ainda não viram tua caridade acompanhando essas palavras tão comovedoras. Parece que a dificuldade não é só minha. Eu sei que sofrer com os que sofrem não é falar com doçura, mas é sofrer mesmo. É dar o suor e o sangue da caridade que teu exemplo me ensinou. É amar a todos com teu amor.

“PAI, PERDOAI-LHES!”

Depois do martírio de uma vida toda de sofrimentos, o martírio de uma morte na cruz. Foi tudo o que teve neste mundo Aquele que por aqui andou, fazendo o bem. Sofreu com os pobres, chorou com os que choravam e fez milagres para que ninguém sofresse. No fim ele foi crucificado, morto e sepultado.

Mas, daquela cruz que lhe deram como expressão de ódio e desprezo, ele continuou ensinando. Era um Mestre que não precisava de seus discípulos e deles nada esperava; mas quis continuar ensinando até seus últimos momentos, porque ele era a Verdade, e não podia deixar de ensinar. Sofrendo, agonizando, mais do que nunca ele foi o Mestre dos que sofrem e agonizam neste mundo.

Sua primeira lição na cruz: “Pai, perdoai-lhes, porque não sabem o que fazem!” – Essa é a desculpa que ele achou. Para quem? Para aqueles que sempre o tinham odiado e perseguido. Junto à cruz estavam sua mãe, o discípulo João, algumas mulheres que o tinham ajudado; mas seu primeiro pensamento foi perdoar seus inimigos, retribuindo com amor todo o mal que recebera.

Mestre dos que sofrem e agonizam, com ele temos muito de aprender. Aquele que sofre irá saber que não está sozinho em suas dores e aflições: Alguém já sofreu, e muito mais, para que não lhe faltem a força e compreensão em meio aos sofrimentos. E poderá pensar que, diante de Deus, terá o mérito que lhe deu o Salvador com sua vida e com sua morte.

E se aquele que sofre achar que está sendo vítima da maldade ou imprudência de outros, não os julgue nem condene, mas desculpe e perdoe sinceramente a todos. "Amai vossos inimigos – disse o Mestre – fazei o bem àqueles que vos odeiam, e rezai por aqueles que vos perseguem e caluniam" (Mt 5,44). Disso ele nos deu exemplo até na hora da morte.

Mas, em matéria de ofensas, não pensemos somente naqueles que nos magoaram e fizeram sofrer. Se nós os julgamos culpados, se os condenamos com facilidade, julguemo-nos também, e diante de Deus, que tudo sabe. Na prática da caridade seremos acaso perfeitos, inocentes, isentos de culpas? Julgando a outros, já estamos julgando e condenando a nós mesmos. Será que com nosso orgulho e nossa vaidade, com nossa imprudência, nosso egoísmo, não fizemos ninguém sofrer? Perdoando aqueles que nos fizeram algum mal, lembremos que nós também estamos necessitados do perdão de Deus.

"Pai, perdoai-lhes!" – Ele perdoou a todos. E a nós também, porque, de uma forma ou de outra, nós também temos nossas culpas diante da justiça divina. E nada melhor do que o sofrimento, para nos lembrar que precisamos pagar nossas dívidas. Com essa humildade saberemos pensar também nos outros, pois: Se não souberdes perdoar, vosso Pai também não vos perdoará (Mt 6,15).

COMIGO

Com toda a humildade, e com invejável confiança, aquele ladrão pediu ao Salvador agonizante: "Quando entrares em teu reino, lembra-te de mim!" – E a resposta lhe disse mais do que esperava: "Hoje mesmo estarás comigo no paraíso".

Que agonia horrível não estava o Cristo sofrendo! Diríamos o momento menos indicado para um ladrão lhe falar e dirigir um pedido com ares de pretensão. Não foi o Mestre quem nos disse: "Pedi, e recebereis?" Foi o que fez aquele criminoso. Não estudou as palavras, nem calculou o momento. Achou que precisava pedir, e o fez com toda a simplicidade.

Foi quando o Salvador esqueceu-se de si mesmo. Não se lembrou de que estava sofrendo, e até agonizando, para atender um pedido que, naquelas circunstâncias, ninguém lhe teria feito. É que quando alguém sofre com amor a Deus, sofre também com amor aos filhos de Deus, ainda que cobertos com o desprezo do mundo. Naquele momento Cristo ia morrer por todos; pelos criminosos e pelos ladrões também.

O sofrimento pagão, sem Deus, é egoísta, fechado em si mesmo, preocupado apenas com a própria situação, exigindo para si todos os cuidados e todas as atenções. O sofrimento cristão, pelo contrário, cheio do espírito de Deus, é aberto e generoso para se esquecer, preocupando-se com todos os que sofrem. Sua caridade é constante, buscando sempre aqueles que se encontram mais longe de Deus, por isso mais necessitados de alguém que se lembre deles, não com censuras e desprezo, mas com amor e compreensão.

No momento de sua agonia, o ladrão percebeu que se de um lado estava a sós, com o desprezo e a zombaria de todos, de outro lado havia Alguém que o poderia socorrer. Esse Alguém iria ouvi-lo, compreendendo sua situação e seu pedido. Sentiu que estava com o Cristo, porque Cristo estava com ele, preocupado com sua salvação, já que estava preocupado com a salvação de todos, justos ou pecadores.

"Hoje estarás comigo no paraíso" – porque antes o ladrão soube estar com ele na cruz: não se revoltou, não teve qualquer palavra de ódio ou vingança contra aqueles que o condenaram. Culpado, sim, e isso ele o reconhecia com toda a humildade; mas soube confiar naquele que o poderia salvar, dando-lhe um lugar em seu reino. Às vezes, aqueles que julgamos criminosos e pecadores, chegam a ser modelos para nós.

Sofrendo e agonizando, Cristo não se recusou a atender o infeliz que também sofria a seu lado; sempre o Mestre que nos ensina a sofrer, mas sentindo com todos aqueles que sofrem. Que nossa cruz não nos faça egoístas, alheios aos sofrimentos de nossos irmãos. Diante de Deus nossos sofrimentos poderão falar por eles, muito melhor do que longos discursos e lindas poesias.

SENHORA DAS DORES

Em todos os tempos, a piedade cristã soube invocar e distinguir a Mãe do Salvador com os mais diversos títulos. Entre esses, um dos mais antigos, e até mesmo um dos mais simpáticos, foi sempre o de "Senhora das Dores". Por quê? Nesse vale de lágrimas em que vivemos, sentimo-nos mais perto, por isso mais apoiados e protegidos por aquela que, embora mãe do Deus humanado, tanto sofreu neste mundo.

Aceitando a maternidade divina que o anjo lhe anunciou, a Virgem sabia, ou pelo menos podia suspeitar, os sofrimentos que a esperavam. O profeta já havia anunciado o Messias como a vítima levada ao sacrifício, como um cordeiro para o matadouro; devia ser ele o Homem do sofrimento, para expiar a culpa do mundo. Os sofrimentos de seu Filho, bem o sabia a Virgem, necessariamente iriam desgarrar seu coração materno, tornando sua vida um martírio contínuo. Mesmo assim ela aceitou ser mãe do Messias e partilhar de sua vida. Vaidade? Presunção? De modo algum.

Foi somente por submissão à vontade divina que ela aceitou o que o anjo lhe anunciava: uma dignidade, sim, mas que implicava tremendos sacrifícios. "Sou a serva de meu Senhor – disse a Virgem – cumpra-se em mim a sua vontade." – Com essa humildade ela aceitou um futuro que se apresentava como um mistério impenetrável de sacrifícios e sofrimentos.

Sem o desejar, e de repente, ela se viu escolhida por Deus para cooperar com o Messias na salvação do mundo. E, aos poucos, ao longo de sua vida, ela foi compreendendo sua missão: apenas sofrer, como sofrer era também a missão de seu Filho. Tudo aceitou e tudo ela sofreu, porque era inabalável sua fé, como inabalável era sua confiança naquela que a escolhera.

Senhora das Dores. Há nesse título uma profunda verdade. Senhora, sim, porque soube dominar o sofrimento, colocando-se acima dele, e não se deixando abater. E nisso ela se tornou um esplêndido modelo para nós, que também devemos sofrer, mas, sem desânimo, sem revolta, sem desespero.

Assim como Deus escolheu sua mãe para colaborar na obra da redenção, com seu trabalho e com seus sacrifícios, assim também ele nos escolheu. Quer também nossa vida, em união com a morte e ressurreição de Cristo, como uma cooperação nossa para a salvação do mundo. Trabalhos, sacrifícios e sofrimentos, tudo como um louvor a sua glória infinita. Que o exemplo da Senhora das Dores esteja diante de nós. E que ela nos dê forças, compreensão e amor, para realizarmos o que Deus espera de nós, com a mesma generosidade com que o fez sua mãe.

ABANDONADO

No jardim da oliveiras, Cristo viu os sofrimentos e a morte que o esperavam. Apavorado, chegou a suar sangue ante aquele quadro feito de humilhações e hipocrisias, de crueldade e de ódio. Foi quando sentiu a falta de alguém junto de si. Procurou seus apóstolos e os encontrou dormindo, junto aos troncos das árvores.

Esse abandono ele o voltou a sentir, mais triste e doloroso, durante sua agonia na cruz: Pai, por que me abandonaste?

Por experiências sabemos que todo sofrimento é mais leve e tolerável quando o sentimos com alguém que nos acompanha e assiste, sentindo e sofrendo conosco. É um consolo, um apoio que buscamos, já que nos sentimos impotentes e desprotegidos ante uma ameaça que só nos pode amedrontar.

Nenhuma virtude manda-nos sofrer em silêncio, sem uma queixa, sem um gemido sequer; é humano e natural que nos manifestemos numa dor que nos aflige, numa doença que nos faz sofrer. Cristo também sentiu o sofrimento, e embora não vivesse ele a se queixar, ocasiões houve em que manifestou a intensidade de seu sofrimento: chorou junto ao sepulcro de Lázaro, sentiu quando esquecido pelos apóstolos e gritou de dor na cruz, quando abandonado pelo Pai.

Mas, se ele manifestou o próprio sofrimento, com isso não exprimiu qualquer revolta, ressentimento ou desespero. Ele sofreu sempre dentro da mais perfeita resignação à vontade divina. De nós Deus não exige tanto como exigiu de seu Filho. Se ele nos permite o sofrimento, também não nos nega a força e a coragem necessárias para sofrermos com resignação e amor. Por isso que nossas queixas, nossos gemidos e suspiros não sejam a expressão humana e natural daquilo que sentimos.

Por que me abandonaste? Talvez já tenhamos experimentado esse abandono em meio a nossos sofrimentos, porque não fomos bem atendidos em alguma necessidade, ou não se interessaram por nós em alguma situação difícil, ou vimos muita indiferença nas visitas que nos fizeram durante alguma enfermidade. Não importa. O abandono também faz parte do sofrimento, e, antes de nós, Cristo já o experimentou e venceu. Ainda que todos nos abandonem, temos certeza de que Deus estará sempre junto de nós.

Em vez de cairmos na tristeza ou no pessimismo, lembrando aqueles que nos deixaram abandonados, pensemos, sim, naqueles que nós abandonamos: porque não os atendemos com a caridade que esperavam; porque não os visitamos quando necessitados de nossa presença; porque não soubemos rezar nem sofrer por eles. Enquanto estamos alimentando nossas queixas, é bem possível que outros estejam perguntando por que nós os esquecemos e abandonamos. E eles não teriam razão?

TENHO SEDE

O sofrimento pagão, estóico e vaidosamente cuidado (até isso existe) acha que lhe fica bem manifestar-se por meio de uma palavra, de uma queixa ou de um simples gemido; qualquer manifestação seria uma prova de fraqueza e covardia.

Não foi assim que Cristo nos ensinou a sofrer. Em meio a seus sofrimentos ele não teve qualquer preocupação de vaidade, no sentido de nos mostrar um sofrimento bonito e caprichado em seus gestos, suas atitudes e palavras. Nem viu constrangimento algum em nos deixar perceber que ele realmente sofria; humano como era, não teve medo de chorar, de gemer, enfim, de sofrer, manifestando sua dor. Não sofreu com orgulho, mas com simplicidade.

Foi assim que, durante sua longa agonia, com os lábios ressequidos, ele disse num quase gemido: "Tenho sede". – Nem era para menos, pelo muito que já tinha sofrido desde a véspera e pelo sangue que perdera. Mas uma outra sede também martirizava àquela hora: terminar o sacrifício que devia salvar o mundo. E essa sede, ele o sabia, somente iria ser apagada no momento que se apagasse sua vida.

Quando sofremos, será essa sede de salvar o mundo que nos preocupa e martiriza? Talvez seja outra, estampada numa ânsia incontida de saúde, ou de bem-estar, quando não de recursos e facilidades; uma sede de fugir ao sofrimento. Somos humanos, sim, mas o exemplo do Crucificado certamente não nos deixará maldizer ou detestar o sofrimento, seja ele qual for. Iremos sentir, é verdade, mas iremos vencer também, com a resignação e coragem que o Cristo nos mostrou em sua agonia.

Olhando para o Crucificado, não precisamos temer o sofrimento, mas aceitá-lo com generosidade e amor, vendo nele a vontade do Pai. E nem nos iremos sentir obrigados a esconder ou disfarçar o que sofremos; precisamos ser humanos também no sofrimento. Que o zelo e a caridade nos levem a edificar aqueles que nos rodeiam e assistem, sem que, para isso, e tenhamos de caprichar na vaidade dos gestos e das palavras.

E saibamos participar daquela sede que atormentou o Cristo, preocupando-nos com os outros: aqueles que sofrem, os agonizantes de cada dia, os que ainda não conhecem a santidade e grandeza do sofrimento. Pensemos naqueles que vivem preocupados com o mal que desejam praticar: pelo ódio, pela ambição, pela sensualidade, pelas injustiças. Preocupemo-nos com esse reino de Deus ao qual pertencemos e devemos difundir. Enfim, que nosso sofrimento possa levar a todos um pouco mais de alívio, de compreensão e de amor. Um dia iremos constatar que nossos sacrifícios neste mundo foram recebidos pelo Pai. Não foram inúteis, mas renderam, e muito, para a glória de Deus.

TUDO TERMINADO

Na cruz, nada mais restava ao Crucificado senão o último suspiro. Já tinha dado sua vida e seu sangue pelo mundo. Sua missão chegara ao fim.

Foi certamente com uma sensação de alívio, e até de alegria que, vendo chegar a morte, pôde o Salvador dizer: "Tudo está terminado!" – Ele já dissera um dia: "Minha vida é fazer a vontade daquele que me enviou; e isso eu irei realizar com perfeição" (Jo 4,34). Agora, em meio a todos os sofrimentos, esse consolo lhe restava: Ter feito sempre a vontade do Pai. De todo o programa da redenção do mundo nada mais restava por fazer. A última gota, de fel e vinagre, ele já a havia provado. Podia, portanto, morrer.

Nossa vida não tem igualmente outro programa senão esse, de realizarmos sempre e em tudo a vontade de Deus que nos criou, destinando-nos a uma vida eterna. Somente vivemos, à medida que nos colocamos dentro do plano que nos traçou a vontade divina. Temos, por isso, de olhar nossa vida e nossa morte como expressões da vontade de Deus a nosso respeito; tudo o que a vida e a morte nos apresentarem, iremos aceitar com humildade e santificar com amor que temos ao Pai.

Vivendo assim, sempre de acordo com a vontade de Deus, chegaremos à morte, pensando como o Cristo pensou: Tudo está terminado. Sim, tudo como o Pai esperava de nós; e se ele nos chama, nada mais temos a fazer senão acatar pela última vez, neste mundo, sua vontade soberana.

Tudo terminado. Felizes seremos naquele último dia, se pudermos olhar para a vida que vivemos, como Cristo olhou para a sua, vendo nela um contínuo louvor à glória do Pai, pelo amor que tudo santificou. Um consolo e uma alegria para nós se, no fim da vida, pudermos entregar nas mãos de Deus nossa existência, vivida como ele quis, ou seja, uma vida santamente humana e humanamente santa.

Somente no último dia de permanência neste mundo é que poderemos pronunciar esta palavra: Tudo está terminado! Por enquanto resta-nos ainda muito a fazer, pela glória de Deus e salvação do mundo.

Pouco antes de expirar, Pio XI disse aos que o assistiam: "Ainda tenho tanto que fazer!" – ele ainda estava neste mundo e pensava na Igreja, na humanidade, embora Deus já estivesse para o chamar. Enquanto estamos neste mundo, não pensemos apenas em nós, porque Deus nos quer preocupados também com nossos semelhantes.

E não nos enganemos; resta-nos ainda muito para sofrer, por nós, e pelo mundo. Deus quis precisar de nosso sofrimento. Quando ele nos chamar, sim, iremos dizer: Tudo está terminado! Depois... já será a eternidade, na paz eterna, junto do Pai, recompensa de uma vida que demos a Deus e a nossos irmãos.

EM TUAS MÃOS

Sereis como deuses! Essa é a primeira tentação que o Homem ouviu; e esse é o desejo absurdo que pôs a perder o paraíso e o mundo em que vivemos. O homem foi sempre o mesmo, em seu orgulho e sua ambição de ser mais do que é. Não lhe interessa ser filho de Deus; acha pouco, por isso quer ser deus também.

Para reparar esse orgulho, Aquele que é Deus fez-se Homem e nos ensinou: "Se não vos tornardes como crianças, não entrareis no reino dos céus" (Mt 18,3). Foi assim que ele nos quis: na inocência e humildade da criança, para alcançarmos a única e verdadeira grandeza que podemos aspirar: viver nas mãos daquele que, sendo Deus, quis ser também Pai.

Enquanto o homem pensa em ser deus, Cristo, o Deus humanado, faz-se criança, relegado no estábulo de uma estrebaria. E, desde então, sua vida é toda de obediência, colocada nas mãos do Pai. Essa a lição que ele deu a nossos desejos de grandeza, lembrando-nos de que somente nas mãos do Pai é que poderemos ser grandes.

Todo pecado é sempre uma revolta da criatura contra seu Criador. Depender de Deus, viver em suas mãos, é algo que o orgulho do homem não aceita, pois desconhece toda dependência e submissão. Daí que a última lição do Cristo agonizante na cruz tenha sido uma lição de humildade. Sua última palavra – e ela foi um grito, diz o evangelista – não podia ser outra senão essa: "Pai, em tuas mãos entrego minha vida!" Um grito angustiado de reparação, com o qual ele queria apagar todo o orgulho do homem diante de Deus.

Em tuas mãos. Deve ser esse o programa de vida para nós. Viver, sim, nas mãos de Deus, porque a ele pertencemos, e dele dependemos em tudo. Que não nos deixemos iludir pelo orgulho, pois estaremos em muito boas mãos se soubermos viver nas mãos do Pai. Essas mãos de amor e misericórdia não nos querem prender nem humilhar, mas libertar-nos de nós mesmos, porque nossas mãos são feitas de egoísmo, de orgulho e de maldade.

Vivendo nas mãos de Deus, com toda a humildade e confiança, nada teremos a temer em nossas lutas e nossos sofrimentos de cada dia. Que melhor proteção e que maior segurança poderíamos desejar? Para o Cristo agonizante seu consolo e sua alegria foi poder entregar sua vida nas mãos do Pai. Esse consolo nós também iremos ter quando chegar, para nós, o último dia. Tendo vivido sempre com Deus, será essa nossa última alegria neste mundo: entregar nossa vida nas mãos de um Pai. Entrega total e definitiva, para que essas mãos de misericórdia nos introduzam na eternidade.

ORAÇÃO

Sim, unindo nosso sofrimento a todas as dores e aflições todas as que hoje estão chorando no mundo, rezemos numa única, imensa oração. Para que em todas as vidas haja mais fé, em todos os olhares mais esperança e mais amor em todos os corações. Que não percam sua fé aqueles que, por causa dela, se veem odiados e perseguidos; que não desesperem os que já se sentem cansados de sofrer; e que aprendam a amar aqueles que somente sabem amar a si mesmos.

Rezemos para que a tristeza da morte não afogue as alegrias da ressurreição nos corações aflitos e enlutados; que todos saibamos chorar com todos os que choram sem consolo e sem qualquer esperança.

Rezemos por todos aqueles que sofrem, no corpo ou na alma: pelos doentes, para que possam contar com o desvelo e a compreensão da caridade que esperam; e que não lhes falte a esperança, quando tudo lhes faltar. Por aqueles que não esperam recobrar a saúde, para que o desânimo não lhes apague a luz da fé, e que seus olhos saibam olhar para além da morte; por todos os que sofrem, para que sofram com amor ao Pai, e a seus irmãos; pelos que choram, para que chorem com o conforto daquela esperança que tudo vence; por todos os que estão de luto, para que sua fé se coloque acima da amargura que os aflige; por todas as crianças que o mundo abandonou, sem teto, sem carinho e compreensão; que elas não cresçam odiando a vida.

Rezemos por todas as viúvas. Às quais se negam o respeito e a compaixão: aquela que abandonou seu marido, a viúva do criminoso que todos desprezam, aquela que perdeu o marido que não era seu, para que creiam no Cristo que veio salvar a todos os que o mundo sempre deu como perdidos.

Rezemos por aqueles que sentem desejos de pôr fim à própria vida: o que perdeu sua fortuna numa banca de jogo, aquela pobre jovem, roubada em sua honra, a esposa que foi traída, o filho que ficou sabendo ser ilegítimo, os condenados à prisão perpétua e aqueles que amam e não são amados.

Que tua mão, Senhor, sustente-nos: quando a nosso redor só vemos trevas e confusão; quando nos vemos num mundo vazio de amor e de esperança, enquanto o egoísmo de uns e o desespero de outros vão fazendo suas vítimas.

Sustenta nossa fé em teu poder e nossa confiança em tua misericórdia, porque nossa cruz, e a cruz de nossos irmãos que sofrem, já nos roubam as últimas forças.

Que tua presença não deixe de iluminar nossa vida, porque, todos os dias, ao voltarmos do cemitério deste mundo, entramos na casa de nós mesmos e a encontramos cada vez mais triste, cada vez mais vazia.

Sim, Senhor, que tua misericórdia se compadeça de todos nós!

ORAÇÃO DOS QUE SOFREM

Sede bendito, Senhor, Deus de nossos pais, digno de louvor e de uma glória infinita!

Bendito seja vosso Nome glorioso, no templo de vossa grandeza divina!

Sede bendito no firmamento dos céus; obras todas do universo, bendizei ao Senhor!

Que o dia e a noite, a luz e as trevas bendigam o Senhor, exaltando-o eternamente!

Mares e rios, fontes e montanhas, pássaros e flores, louvai ao Senhor, porque ele é digno de uma glória eterna!

Justos e eleitos, santos e humildes de coração, louvai e bendizei ao Senhor, exaltando-o para sempre, porque ele se preocupou conosco.

Glorificai ao Senhor, bendizei seu Nome, porque ele é bom, e sua misericórdia é eterna.

Bendito sois vós, Senhor, na amplidão dos céus; bendito sois vós, Deus de nossos pais; bendito e digno de todo o amor para sempre!

Nós vos pedimos, Senhor, aceiteis os sacrifícios que vos oferecemos; e, por eles, fazei que cheguemos a vossa paz eterna. Amém.

ORAÇÃO DOS QUE SOFREM

ÍNDICE

Este livro foi composto com a família tipográfica Minion Pro
e impresso em papel Offset 63g/m² pela **Gráfica Santuário.**